일본인과 에로스

■ **(주)고려원북스**는 우리들의 가슴속에 영원히 남을 지혜가 넘치는 좋은 책을 만들겠습니다.

일본인과 에로스

초판 1쇄 | 1995년 12월 1일
신판 1쇄 | 2004년 11월 11일

지은이 | 서현섭
펴낸이 | 박건수
펴낸곳 | (주)고려원북스
편집장 | 설웅도

판매처 | (주)북스컴, Bookscom., Inc.

출판등록 | 2004년 5월 6일(제16-3336호)
주소 | 서울 강남구 논현동 15-12, 유레카빌딩 4층
전화번호 | 02-3416-4646
팩스번호 | 02-3416-4640
e-mail | koreaonebooks@bookscom.co.kr
홈페이지 | http://bookscom.co.kr

값 12,000원

ISBN 89-91264-25-5
저자와의 협의에 의하여 인지는 붙이지 않습니다.
잘못 만들어진 책은 구입처나 본사에서 교환해 드립니다.

일본인과 에로스

서현섭 지음

(주)고려원북스

일본이해의 뒤안길

　우리들 중에는 왠지 일본 남자들은 호색적이고 여자들은 헤플 것이라는 선입견을 가진 사람이 많다. 이는 물론 근거가 있는 말이 아니다. 남녀 간의 성(性) 문제는 정도의 차이는 있을지언정 그런 식으로 판단할 문제는 아니다.

　일본인의 혼욕과 사촌 간의 결혼 풍습이 남녀칠세부동석과 동성동본 결혼을 금하고 있는 우리 선조들에게는 상스럽고 호색적으로 비쳤을 것이다. 떼를 지어 해외 섹스 관광에 나서던 요란스러운 행차 때문에 그런지도 모른다. 사실 혼욕과 사촌 간의 결혼은 일본뿐 아니라 유럽에도 존재했다. 아니, 지금도 유럽의 혼욕 사우나는 동양 나그네들의 관광 코스로 각광을 받고 있다.

　한편 신라 왕실의 혼인 풍속도 동성혼 혹은 족내혼이었으므로, 말하자면 근친혼이 되는 셈이다. 남의 문화를 얕보는 것은 인간의 본능에 가깝고 옛부터 어느 곳에나 있었던 일반적 경향이지만 한일 간에는 그 정도

가 심한 편이었다. 근친혼에 대한 조선통신사의 인식도 이 같은 맥락이었다고 하겠다.

유럽의 겨울에는 허리통에 살이 붙기 시작한 아주머니들이 케냐 몸바사 해변에 단체로 가서 일주일 정도씩 묵어간다. 씩씩한 흑인 청년들의 에스코트를 받으며 즐거운 한때를 보낸다고 하지만 우리는 아프리카 대륙의 신사와 유럽 숙녀들의 그런 관계를 가지고 이러쿵저러쿵 입방아를 찧지는 않는다.

그러나 일본이란 나라에 대해서는 지리적으로 가깝고 우리와 자주 대하면서 어쩔 수 없이 관계를 맺고 살아가야 하는 이웃이기에 좋은 점, 나쁜 점을 가리지 않고 자주 입에 올리게 되나 보다.

사실 한일관계는 1965년 국교 정상화 이후에도 크고작은 문제들로 개었다 흐렸다 했다. 하지만 큰 흐름은 느리기는 하나 '진정한 정상화'를 향해 움직여 왔다. 1998년 10월 김대중 전 대통령의 일본 대중문화 개방 결단에 이어 2002년 한일 월드컵 공동개최로 시민 레벨 간의 심리적 거리는 급격히 좁아졌다.

최근 영화, 드라마 등의 다양한 한국문화가 일본사회에 흘러들어 일본인의 한국에 대한 호감를 높이는 데 단단히 한몫을 하고 있다. 특히 TV드라마 〈겨울연가〉(일본에서는 '겨울소나타' 란 이름으로 방영)는 폭발적인 인

기를 끌어 한일 간에 화제가 되었다. 상호 이해 증진이라는 측면에서 고무적인 현상이라 하겠다.

내가 일본 사람의 성(性) 의식에 대해 관심을 갖게 된 것은 마쿠라에(枕繪)라는 원색적인 춘화도를 우연히 책방에서 본 것이 계기가 되었다. 마쿠라에는 베갯머리에서 보는 그림이란 뜻으로 시집가는 딸에게 어머니가 슬그머니 넣어 주는 성에 관한 백과사전식의 춘화집이다.

'일본인과 에로스'라는 주제로 책을 써보고 싶다는 나의 편지에 일본인 친구는 역시라는 반응을 보였다. 역시라니? 10여 년 전, 도쿄의 헌 책방에 함께 갔을 때, 내가 마쿠라에를 펼쳐 보면서 그런 비슷한 의향을 이미 내비쳤다고 한다. 나 자신은 그 당시 그 친구한테 뭐라고 했는지 전혀 기억이 없다. 그렇지만 잠재의식 속에는 여자와 남자의 관계를 통해서 일본인의 특질을 나름대로 해석해 보겠다는 생각이 오랫동안 흐르고 있었던 모양이다.

일본인은 호기심이 강하고 무엇이든지 열린 마음으로 배우며, 배운 내용이나 익힌 기술은 기록을 해서 남긴다. 주어진 여건에서 최선을 다해 완벽을 지향하고 신기(神技)에 접근하려는 노력을 평가하고, 그 노력과 과정을 소중하게 여기는 사람들이라는 것이 좋게 본 나의 일본인론의 골자이다.

또한 일본인들은 엄밀히 말하면 무종교의 사람들이다. 이 무종교성이 일본인의 사고나 행동 패턴에 여러 가지로 투영되고 있다. 일본은 처음부터 신의 나라, 신국(神國)으로 출발했기에 유교가 필요 없었지만 중국은 마음이 사악해서 유교가 필요하게 되었다는 궤변을 태연히 늘어놓는 사람이 저들 중에는 있다.

에도 후기의 국학자 모토오리 노리나가(本居宣長, 1730~1801)가 대표적인 인물이다. 신(god)이 타락하면 개(dog)가 된다고 하는 우스갯소리도 있다. 이 같은 무종교성이 일본인의 성의식과도 어떤 관계가 있지 않을까라는 단편적인 의문을 스스로에게 던져 봤다.

요즈음 일본 불교는 대처승이 주류를 이루고 있지만 17세기까지만 해도 파계승에 대한 제재가 꽤나 엄격했다. 그런데 이상스럽게도 승려들 가운데 매독 환자가 있었다고 한다. 그 무렵, 고담준론을 좋아하는 무리들이 매독이 공기를 통해 전염되느냐 안 되느냐를 두고 격렬한 토론을 한 적이 있었다.

이것을 들은 한 돌팔이 중이 빙긋 웃으면서 "공기로 전염되는 것이 틀림없다, 그렇지 않으면 어떻게 비구니들이 거처하는 암자에까지 퍼지겠는가?"라고 반문했다는 우스갯소리가 있을 정도이다.

한때는 일본 여성들이 아내감으로 세계 최고라는 평도 있었지만 요즘

에도 그럴까? 현대 일본 여성들은 독한 면이 있어 남편의 무단 외박 일수, 손찌검 횟수, 정신적 학대 등의 죄상을 꼼꼼히 기록해 두었다가 이혼 청구 증거물로 불쑥 들이대기도 하고 남편이 정년 퇴직한 당일 퇴직금과 재산을 절반씩 나눠 이혼하자고 달려드는 경우도 있다고 한다. 열 길 물속은 알아도 한 길 사람 속은 모른다는 말 그대로다. 백년해로라는 말이 점차 한국이나 일본에서 사라지고 있기는 마찬가지이다.

토인비의 지적대로 '문명은 상태가 아니라 운동이며, 항구가 아니라 항해'라는 전제하에서 성(性) 문화를 통해 일본에 대한 이해를 모색하고자 한다. 서양 인상파 화가들은 일본의 춘화도에 강렬한 인상을 받고 일본이 온통 춘화로 가득한 나라라고 상상했다. 정작 이웃 나라인 조선에서는 무관심했다. 도대체 일본 것이라면 유교적 관점에서만 판단하여 상스러운 왜색 문화로 여기고 아예 관심조차 두지 않았다.

일본 역사에 대한 시각도 불교와 한자를 전해 주던 6세기 무렵의 역사적 기억과, 17세기 초부터 200여 년에 걸쳐서 파견된 조선통신사가 '중화사상'이라는 안경을 코끝에 걸고 거들먹거리며 본 일본 이해를 바탕으로 형성된 점이 있다. 헤겔에 의하면 역사란 '진보의 프로세스'를 의미한다고 하는데, 일본이 우리로부터 문물을 얻어 가던 과거의 역사에서 진보되어 왔다는 사실을 잊는 경우가 없지 않다.

　일본 여성과 남성의 관계를 통해서 일본을 해석해 보고자 하는 시도는 점잖지 않은 작업이라는 지적도 있을 수 있지만, 가장 원초적인 현상을 통해서 일본을 이해해 보자는 것도 그 나름대로 일리는 있다는 생각에서 주로 일본 자료를 통해 얻은 내용을 정리해 보았다.

　초판의 원고 정리는 심수은 씨가 도맡아 해줘 지금도 감사하게 여기고 있다. 이번의 증보판 작업에 있어서는 (주)고려원북스 박건수 사장이 프로 정신을 한껏 발휘하여 직접 방대한 자료를 챙기고 편집하는 수고를 아끼지 않은 것에 마음으로부터의 경의와 감사를 표하고 싶다. 끝으로 사랑과 성을 통해 본 이 책자가 보다 흥미롭고 쉽게 일본을 이해하는데 조금이라도 도움이 된다면 더 바랄 나위 없이 기쁘겠다.

2004년 10월

서 현 섭

● 차 례

일본인과 에로스

제 1 장

쾌락의 도성 요시와라

향불이 타고 있는 홍등가

일본인들은 선이 가늘고 섬세한 사람들이다. 20여 년 전, 일본 생활을 시작하면서 동네 가게에 우유 배달을 부탁한 적이 있다. 그 여주인은 열 번도 넘게 허리를 굽히더니 비누 한 개와 수건 한 장을 주면서 앞으로 많이 이용해 달라는 부탁을 잊지 않았다. 그런데 사흘이 지나도 우유는 감감무소식이었다. 가게에 전화를 하자 그 아주머니는 화들짝 놀라면서 "미안합니다."를 연발하더니 득달같이 우유를 가져왔다. 10엔짜리 동전 한 닢도 함께.

웬 돈이냐는 표정에 그 아주머니는 미안스럽기 이를 데 없다는 듯이 머리를 조아리며 통화요금이라고 했다. 그렇지, 3분 이내의 공중전화 통화요금은 10엔이었다. 일본인들은 상식을 넘는 선물이나 사례를 보내는 것을 터부시한다. "피라미 한 마리를 도미로 갚는다."는 격언은 분수를 넘는 선물에 대한 심한 욕이다.

일본 식당에서 종업원이 실수하여 손님 바지에 물을 떨어뜨리는 경우, 대부분 계산대의 아가씨가 1,000엔짜리 지폐 한 장이 든 예쁜 봉투를 내밀며 실수에 대한 사과를 한다. 천 엔은 다리미질 값이란다. "일전을 우습게 아는 사람은 1전 때문에 울게 된다."는 일본 속담도 얻어듣게 된다.

성(性)을 관리하는 일본 공창(公娼)의 역사는 17세기부터 시작된다. 창녀촌이 당국의 정식 허가를 받아 생겼다는 사실은 특정 지역에 남자에 비해 여자의 수가 모자랐다는 반증이다. 공창과 함께 사창(私娼)도 슬그머니 생겨 사회적 문제인 남녀의 성비 해결에 기여하게 되었다.

문제는 일시에 객들이 들이닥쳤을 때 유녀가 부족한 경우였다. 시계가 있으면 시간을 정하면 간단했겠지만 시계가 없던 시절이었다. 또한 하룻밤 즐기는 것이 아니라 짬을 내서 잠깐 여자를 살 경우에도 그 시간의 길이를 측정하는 데 신경이 쓰이지 않을 수 없었다. 횟수로 규정을 하더라도 손님과 포주 사이에는 다툼의 소지가 있게 마련이다.

궁하면 통한다던가, 절에서 공양드릴 때 쓰는 선향(線香)에 퍼뜩 생각이 미쳤다. 제사를 지낼 때나 상가에서는 지금도 향불을 피우고 있지 않은가. 일본인들은 이것을 향시계로 사용했다. 기다란 향 한 개비가 타는 시간이 어림잡아 15~20분 정도 되었다. 한 시간쯤 놀고 싶으면 세 개를 사고, 손님이 많을 경우에는 한두 개비의 시간만 즐기도록 제한을 했다.

향불이 타고 있는 방에서 도원경으로 빠져들고 있는 두 남녀의 모습과 밖에서 향을 들고 음탕한 상상을 하면서 순서를 기다리는 남자들이 어슬렁거리는 광경은 상상만 해도 재미있지 않은가.

조선에서도 향을 일본 못지않게 많이 사용하였고 모래시계나 해시계를 만들 정도로 시간 관념도 뚜렷했지만 시간을 쪼개는 습관은, 더욱이

에도 시대 유녀들은 기다란 향 한 개비를 태우는 시간의 길이를 측정해 번갈아 손님을 받았다. 한 시간
쯤 놀고 싶으면 향 세 개비를 사고, 손님이 많을 경우 한두 개비의 시간만 즐기도록 제한했다.

여자를 사는 데 사용했다는 기록은 아직 못 보았다. 요즈음 사우나룸에서 볼 수 있는 모래시계의 변형을 사용할 정도로 시간에 쩨쩨하지 않았다. 남아도는 것이 시간이었으리라.

같은 동양 문화권인 일본은 17세기 초에 이미 시간을 20분 단위 정도로 쪼개는 기발한 아이디어를 사용했다. 우리는 그들을 속 좁은 좁쌀뱅이로 여기면서 모름지기 사내는 통이 이쯤은 되어야지 하고, 에헴 했더란다. 도량이 넓고 통이 큰 것이 무슨 흉이 되겠는가마는 꼼꼼하지 못하고 대충대충, 그리고 적당히 해치워 버리는 병폐가 너무 크다는 점을 지적하고 싶을 뿐이다.

한국인과 일본인의 시간 관념의 차이는 농경사회에는 그렇게 두드러지지 않았다. 한나절, 반나절로 시간을 계산해도 무방했지만, 산업 시대로 들어서면서부터는 그 차이가 두드러지고 결과는 전혀 다르게 나타났다.

일본인의 신경질적인 섬세함과 철저한 시간 관념은 산업화의 성공으로 연결되는 정밀성의 감각이다. 1780년대에 시작된 서구의 산업화 물결이 메이지 유신이 일어나던 1860년대에 일본에 밀어닥쳤다. 산업화에 성공하기 위해서는 질 좋고 값싼 물건을 남보다 먼저 만들어 해외시장에 팔아넘겨야 했는데 산업화와 일본의 섬세함이 맞아떨어지게 되었다.

매사를 꼼꼼하게 챙기고 정확성과 정밀성을 중요시하는 국민성이 일본의 산업화를 서양의 절반의 시간으로 가능케 했다. 제조품의 불량 비율이 1995년 7월, 미국의 권위 있는 소비자 만족도 조사기관인 JD파워사가 공개한 브랜드별 소비자 만족도 순위에서 한국산 자동차는 200점 만점에

105점으로 33위를 기록
하였다. 반면에 일본의
도요타 렉서스는 173점
으로 1위, 닛산 인피니
티는 172점으로 2위, 혼
다는 149점으로 8위를
각각 차지하였다는 것
은 우리에게 시사하는
바가 크다.

다행히 미래사회는
단순히 양질의 제품을
대량 생산하여 승부를
거는 시대라기보다 창
의성과 개성이 중요한
요인으로 작용하는 정
보화 시대가 된다고 한

에도 시대의 홍등가를 재현한 테마파크인 에도무라. 막부가 성을 관리하
는 일본 공창의 역사는 17세기 때부터 시작되었다.

다. 일본인에 비해 개성이 뛰어난 우리로서는 시대의 주인공으로 겨루어
볼 만한 일이다. 그러나 일본인도 만만치 않은 존재라는 인식을 갖고 완
벽을 추구하는 그들의 자세를 눈여겨볼 필요가 있다. 조선이 일본의 물
량 공세에 의해 36년간의 치욕을 당한 것처럼 보이지만 사실은 공부 부
족에 기인한 질의 패배였다는 점을 명심해야 한다.

유라쿠초에 뜬 별

1945년 8월 패전 직후 일본인들의 생활은, 산 입에 거미줄 친다는 말이 실감날 정도로 참혹했다. 전시 중의 식량 부족 문제는 해소되기는커녕 식량 위기 상태로 치달았다. 특히, 주식인 쌀 부족 문제가 심각했다.

1945년도 소요량은 7,500만 석이었으나 생산량은 53%에 불과한 4,000만 석이었다. 전쟁 말기였던 1945년 7월에 이미 주식인 쌀 배급량은 어른 1인당 1일 2홉 3작에서 2홉 1작으로 줄어들었고, 그것마저 배급이 곤란하여 쌀의 대용으로 잡곡이나 고구마가 섞였다. 그뿐만 아니라 배급 지연이나 배급 중단이 일상화되었고 굶어 죽는 사람도 생겼다.

배급만으로 연명할 수 없던 도시인들은 입던 옷을 싸들고 농촌으로 식량을 구하러 가거나 암시장에서 융통할 수밖에 없었다. 여북했으면 풀을 건조시켜 가루로 빻아 빵을 만들어 먹었을까.

점령군들이 밀반출한 물자가 암시장으로 흘러 들어와 천문학적 가격으로 거래되었다. 여자들은 이 같은 암담한 시기에 육체가 장사 밑천이 된다는 것을 본능적으로 깨달았다. 반반하게 생긴 아가씨들이 미군 장교들의 현지처로 들어앉았지만 누구도 그들에게 돌을 던지지 않았다. 하기야 일본 여자들이 미국 사람의 애인 노릇을 한 것은 새삼스러운 일도 아니었다. 1859년 초대 주일 특명 전권 미국 공사로 부임했던 타운센드 해리스(Townsend Harris) 공사가 약혼한 일본 아가씨 오키치를 현지처로 삼은 일은 유명한 이야기이다. 해리스 공사는 암시장에도 관계했던 '추악한 외교관'으로 기록되고 있다.

군대가 주둔하는 곳에는 예외 없이 밤의 공주들이 뒤따르게 마련이다. 미군 독신자 장교 숙소가 가까운 유라쿠초에 어둠이 내리면 허름한 옷차림에 짙은 화장을 한 아가씨들이 하나 둘, 밤하늘의 별처럼 깜박거렸다. 긴자에 인접해 있는 유라쿠초(有樂町)는 지금도 도쿄에서 손꼽히는 번화가이다.

불빛이 명멸했다. 여기저기서 성냥을 켜대는 소리에 이어 잠깐 동안 불꽃이 어둠을 밀어내면 아가씨들은 허벅지가 확연히 드러나도록 스커트 자락을 걷어 올렸다. "저런, 속에는 아무것도 걸치지 않았구나!" 손님은 성냥 한 개비가 타는 동안 구경하고 몇 푼을 주면 되었다. 킬킬거리는 미군 병사들의 웃음을 귓전으로 흘리면서 성냥 불빛 아래서 잠깐 눈요기를 시켜 주고 돈을 벌어야 했다.

"노예가 되는 날 인간성의 반을 잃어버린다."는 고대 그리스 격언대로, 돈의 노예가 되면 수치고 뭐고 없는 법이다. 그 푸른 지폐에는 "나는 신을 믿는다."라고 적혀 있다. 성냥 불빛 아래의 일본 여자들은 돈이 곧 신이라는 배물주의에 철저할 수밖에 없었다.

1949년도 통계를 보면 수출 5억 달러, 수입 9억 달러로서 4억 달러 정도의 무역 적자였다. 한 푼의 외화가 아쉬운 때였다. 외화 가득률 최고의 상품은 예나 지금이나 성(性)이다. 그 당시 외화벌이에 나선 여자들이 7~8만명에 달했으며 이들이 벌어들인 돈이 자그마치 연간 7천만 달러를 넘었다고 한다. 무역 적자의 20% 가까이를 여자들이 육체전선에서 벌어들인 셈이었다.

혹자는 이 매춘부들을 '정숙한 일본 여성들의 방파제로 희생당하고 있는 애국자'라고 치켜세우기도 하였다. 일본이 1964년도 도쿄 올림픽 유치 활동을 하면서 가장 골치 아파했던 사회 문제가 바로 득실거리는 매춘부 처리 문제였다.

시내 중심가는 물론 온천 지대, 역 부근에 넘쳐 나는 매춘부를 어떻게 하지 않고서는 올림픽을 유치할 수가 없을 정도였다. 미군 부대가 이동하면 민족의 대이동을 방불케 하는 매춘부 행렬이 뒤따랐다고 당시의 신문들은 개탄하고 있다.

패전 후 일본 여성의 자존심은 완전히 땅에 떨어졌었다. 상처받은 일본 여성의 자존심을 하루아침에 되살려 준 쾌거가 1959년에 있었다. 고지마 아키코(兒島明子)라는 22세의 패션모델 출신의 아가씨가 미스 유니버스에 뽑힌 사건이 있었다.

일본인들은 태양의 여신 아마테라스 오미카미(天照大神) 이래, 어쩌구 저쩌구 하면서 감격했다. 식량 위기와 영양 실조로 표현되는 참담한 전후 시대를 마감하고 마침내 자존심과 고전적인 일본의 미를 되찾았다고

화려한 불빛이 명멸하는 유라쿠초(有樂町)는 지금도 도쿄에서 손꼽히는 번화가로 알려져 있다.

들 법석을 떨었다.

고지마 아키코는 초대형 팔등신 미인으로 일본 열도를 완전히 뒤흔들었
다. 태양의 여신을 들먹일 만했다. 일본인들은 전쟁의 잿더미 속에서 눈부
시게 피어난 한 송이 야마토 패랭이꽃에 아낌없는 찬사를 보냈다.

'미국 아파트, 중국 요리, 일본인 아내'가 인생 최상이라는 국제적 전
설이 있었다. 일본 여성의 아름다움을 두고 하는 말이 아니라 순종하는
마음과 고풍스러운 자태의 일본 여인상 때문이다. 그러나 미스 유니버스
로 선발된 그녀는 세계적 수준의 미인이라고 자랑이 대단했다. 아키코가
미스 유니버스에 뽑힌 데는 일본의 전통적 의상인 기모노가 톡톡히 한몫

을 했다. 동양적 고전미에다 서구적 여성미가 조화를 이루어 낸 이국적 정서에 심사위원들이 홀린 것이었을까.

1959년을 계기로 일본 여성도 국제 미인 대회 규격에 근접해 갔다. 다다미 생활에서 해방되어 의자 생활로 바뀌고 스포츠와 식생활 혁신으로 일본인의 체위가 급격히 신장했다. 일본 숙녀들은 유라쿠초 별들의 이야기를 그야말로 먼 별나라 전설처럼 여기고 고도경제 성장의 길목에서 각선미와 체중에 더 신경을 쓰게 되었다.

일본 여성들의 가슴둘레가 여자들의 콧대가 높아진 것과 더불어 커졌다는 이야기가 있다. 일본의 여성 속옷 유명 메이커가 지난 20년간 여성 신체 치수를 계측한 결과 가슴둘레가 커지고 히프의 위치가 올라가고 있다고 한다.

일본에서는 A컵 사이즈의 브래지어 생산이 중단된 지 이미 오래되었고 요즈음에는 C컵이 평균적이라고 한다. 고도 경제 성장과 가슴둘레는 정비례하는가?

패전으로부터 불과 50여 년이 지난 오늘날 일본은 세계 최대의 원조국으로서 세계 GDP의 12%를 차지하는 경제 대국으로 성장했다. 방위비 지출이 연간 약 400억 달러로 미국, 러시아, 중국에 이어 세계 4위이다. 더욱 놀라운 것은, 불과 GDP 1%만을 방위비로 지불하는데도 세계 4위라는 사실이다.

절치부심한 결과이다. 한국 동란과 월남전 특수에다 미국의 핵우산 아래서 안보를 거의 공짜로 보장받으며 냉전 구도의 혜택을 톡톡히 본 것은 사실이나, 그것만으로 오늘날의 경제 대국이 가능했던 것은 아니다.

‘한강의 기적’이 우리의 피땀 어린 노력의 결과라고 한다면 저들의 성장도 일본인 특유의 분발 정신의 산물로 보아야 한다.

전후 7년 2개월간의 총리를 역임한 요시다 시게루(吉田茂)는 미국이 한때 영국의 식민지였지만 지금은 미국이 세계의 중심국가가 되었듯이, 일본도 미군의 점령군 통치를 받고 있지만 언젠가는 경제적으로 미국을 능가할 수 있다고 큰소리쳤다. 모든 것을 참고 와신상담하는 자세로 분발하자고 채근했다.

일본 여성은 약해 보인다. 그러나 지독하고 모진 데가 있다. 그들은 감정 표현을 극도로 억제함으로써 본래의 모습을 잘 안 드러낼 뿐이다. 1964년 도쿄 올림픽 때 일본 여자 배구팀이 강호 소련팀을 격파하여 금메달을 획득했을 때, 일본 선수들은 ‘동양의 마녀’라는 애칭을 얻었는데, 이는 불가능을 가능케 한 일본 여성의 저력에 대한 평가를 상징적으

패전 후 미군 병사들과 춤추는 기모노의 여인들. 당시 외화벌이에 나선 여성들이 7~8만여 명에 달했으며 이들이 벌어들인 돈이 연간 7천만 달러를 넘었다고 한다.

로 나타낸 말이다.

지금도 마찬가지다. 젊은 일본 여성들 사이에 해외 여행이 일종의 붐 현상을 보이고 있는데 돈이 많아서가 아니다. 대학을 졸업하고 취직해도 월급이 20만엔이 채 안 된다. 200만원 정도 되나 일본의 높은 물가를 고려하면 형편없는 수준이다.

일본 여자들은 경제 관념에 밝으며 대단히 검소한 편이다. 미혼의 여성들도 자기가 번 돈을 알뜰하게 관리하여 좋아하는 해외 여행길에 나선다. 흥청망청 낭비하는 사람은 보기 드물다. 저축 정신이 아주 강하고 생활이 계산적이며 설계적이다.

2002년 일본의 근로자 세대당 저축액은 1,300만 엔으로 꽤나 높은 수준이다. 일본 여성들의 높은 저축 정신을 단적으로 보여 주는 예이다. 일본의 진정한 저력의 원천은 여자들에게 있는 것이 아닌가 하는 생각이 든다.

거시기

일본인 중에는 편집광적인 호사가가 많다. 별 가치도 없어 보이는 일에 온갖 심혈을 다 기울인 기인들이 많다. 새로운 것을 좋아하는 기인들 때문에 대원군이 집권할 무렵, 일본에서는 영·일 대역사전이 간행되는 사건이 일어나기도 했다.

다나카(田中)라는 일본 친구 역시 내가 보기엔 미친 녀석이 분명했다. 몽골 역사 전문가라고 하기에 호기심이 동해 몇 가지 물어보았더니 자신은 몽골 말안장만을 다루고 있어 다른 것은 모른다고 심드렁한 태도로 주절거렸다.

유목민에게 있어 말이 중요함은 말할 것도 없는데 전쟁터에 나서는 말은 그 안장이 승패를 결정짓는다는 간단한 결론이었다. 몽골 말안장에 미쳐 20년의 세월을 보냈다며 몽골 말을 타고 울란바토르로부터 도쿄까지 여행하는 것이 꿈이라고 했다.

일본인들 가운데는 엉뚱한 분야에 터무니없는 열정으로 인생 전부를 거는 데 이골이 난 사람들이 많다. 그 단적인 예로 1930년대에 한정판으로 출판된 《도원화동(桃源華洞)》이라는 책이 잘 보여 주고 있다. 이 책은 주로 남녀 성기의 명칭에 관한 유래, 의미 등을 집대성한 대작이다. 오래된 한문 전적들이나 역사책을 샅샅이 뒤져서 체계적으로 정리한 것이다. 이와 비슷한 책자가 두서너 권 더 있다고 한다.

《도원화동》에는 300여 개의 여음 명칭이 정리되어 있어서, 그 분야에서는 세계 제일로 보인다. 중국어, 영어, 노어에 있어 그것에 관한 이칭은 20여 개 안팎이라는데 300개를 넘는다니, 아니 그것을 연구라고 하여 책으로 내놓을 것은 또 뭐람. 다양한 별칭의 존재가 그 사회의 호색문화의 수준을 간접적으로 보여 주는 것이라면, 일본은 호색 올림픽에서 메달권에 들 것이 틀림없다. 우리말로는 몇 개나 말할 수 있을까?

8세기에 편찬된 《고사기》와 《일본서기》에서는 여자의 성기를 '호토'라고 칭하고 있다. '호'는 불이나 태양을, '토'는 장소를 나타내는 말이다. 일본 신화에서 태양과 불은 숭배의 대상이며 신성한 것으로 여겨지고 있음을 감안하면 '호토'는 신성한 곳, 신성한 영령이 나타나는 통로의 상징으로서 자연 숭배의 대상에 포함된 것으로 해석된다. 인격과는 별개로 움직이는 것이 신성하다니.

'호토'가 시사하는 바는 일본인은 성기를 신성시하고 숭배했다는 것이다. 우리말에는 성기를 사용한 걸쭉한 욕설이 많은 데 비해 일본어에는 거의 없다. 일본 사람이 내뱉는 욕이라는 게, 고작 '얼간이', '바보', '짐승 같은 녀석' 정도이다. 이 같은 한일 간의 욕설 차이를 보면 일본인은 성(性)을 단순한 생리적 현상 그 이상으로 인식하였음을 알 수 있다. 성기의 어원에 신성함을 부여한 예는 세계에서 일본 뿐이 아닌가 한다.

일본은 기본적으로 다신교의 나라이다. 신이 800만이 넘는다고 생각하는 그들이니, 성기가 그 800만 중의 하나에 든다고 해서 이상할 것도 없다. 또한 일본에서는 옛날 여음의 불가사의의 하나로 애액은 화상에 묘약

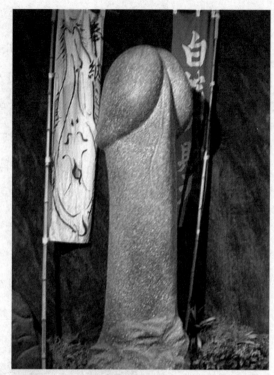

에로문화 전시관에 진열되어 있는 돌로 만든 남성의 성기가 이채롭다.

이라는 속설이 있었다. 손자가 불에 데면 할머니가 종이로 그곳을 닦아 상처를 문질러 주었다는 기록도 있다. 이 역시 성기 숭배 사상과 무관하지 않다고 본다.

'호토'는 한자로 부등(富登)으로 표시하는데 신무(神武) 천황의 황비는 '호토'를 이름으로 당당히 사용하여, 일본 여성의 당찬 기개를 만방에 과시하였다. 일본 역사나 문학에 조예가 깊었을 그녀가 '호토'라는 명칭의 의미를 모를 리 없었을 텐데 그것을 내놓고 사용한 데는 자신의

물건이 천하명기라는 자부심이었을까.

호토 이외에 오만코, 간코, 메코, 찬코라는 어휘도 있다. 아키코(明子), 게이코(京子)와 같은 여자 이름이 '코'로 끝나 묘한 생각을 하게 된다는 짓 궂은 농짓거리에 상상력의 비약이 너무 심하다는 일본 친구의 핀잔이 뒤 따랐다. 망고라는 과일만 보아도 '오만코'가 연상되는 걸 어이하랴. 스웨 덴 사람들이 한국 가정에 초대받아 "국 드세요." 라는 말에 기절초풍을 했 다는 말이 있다. '국(KUK)'은 스웨덴 말로는 남성을 의미한다고 한다.

호토와 거의 같은 계열의 어휘로서 '보보'라는 일본 고어도 있다. 이 역시 불을 나타낸다. 우리말에 성기의 어원이 불에 있는지 또는 보자기 에 있는지 알 수 없지만 우리 조상들도 남녀의 성기를 일종의 민속 신앙

도쿄 근교 아타미에 있는 에로문화 전시관 열해비보관(熱海秘寶館)이 관광객의 호기심을 끌고 있다.

의 대상으로 삼았다는 증거는 여러 군데에서 발견된다. 어린애를 제때에 못 낳아 마음 고생한 아낙들이 치성을 드리는 여근 바위라는 것도 바로 그런 대상일 것이다.

여성 성기에 대한 별칭은 이미 말한 대로 300개를 넘지만 남성의 이칭은 그 절반 수준이다. 물론 150여 개의 남성 성기의 호칭도 우리말에 비하면 엄청나게 많은 편이다. 그중에는 우리말과 같은 것도 꽤 된다. 일본 고어에서 가장 흔히 쓰인 명칭은 마라(魔羅)인데, 이는 산 크리스트의 불전에 나오는 범어로서 8세기경 일본에 유입된 외래어이다.

이 마라는 본래 사랑의 신을 지칭했으나 악마, 파괴라는 뜻도 포함되어 있다고 한다. 우리나라 최남단의 작은 섬인 마라도에 낚시 원정을 온 일본인들이 '마라'를 연발하며 킥킥거리는 것도 알 만하다. 자고로 남자의 성기는 제대로 쓰이면 사랑의 불을 지피고 생활의 활력을 얻게 되나 반대의 경우에는 사랑과 가정을 파괴하는 마물 덩어리라고 해서 '마라'라고 했던 것일까.

요즈음은 남녀의 성기를 지칭하는 말이나 사랑의 행위를 나타내는 언어가 국제화되어 거의 영어로 대체되어 가고 있다. 서울의 한량이 일본의 환락가에서 하룻밤을 보내는데, 상대가 '피아노'를 연발하여 피아노를 사달라는 말로 알아듣고 졸라댈까 걱정돼서 제대로 즐기지도 못하자, 그녀가 뜨악한 표정으로 쳐다보았더라고 한다. 짧은 영어 실력이 문제였다. '피아노'가 '부드럽게'라는 의미도 지니고 있다는 것을 어이 알았겠는가.

일본산 영국인의 우울

일본산 영국인으로 불리는 모리 아리노리(森有禮, 1847~89)는 당대 제일의 하이칼라였다. 지금은 하이칼라라는 말이 거의 안 쓰이지만 60년대 초까지만 해도 취향이 새롭거나 서양식 유행을 따르는 멋쟁이 신사를 그렇게 불렀다.

20대 초에 영국으로 건너가 런던 대학에서 공부했던 모리는 일본의 후진성을 통탄하고 신흥 일본의 건설에 몸과 마음을 다 바칠 각오를 했다. 한때 그는 무사들이 신분의 상징으로 허리에 칼을 차고 다니는 꼬락서니는 이미 낡아 빠진 구습이라고 비난하다가 관직에서 쫓겨 나는 수모를 겪기도 하였다.

모리는 일본이 선진 유럽의 대열에 끼기 위해서는 우선 일본 인종을 개량해야 하고 교육에 집중적으로 투자해야 한다는 주장을 내놓았던 진보적 개혁주의자였다. 일본의 장래를 책임질 인재 육성을 위해서는 교양 있는 어머니가 자녀를 양육해야 한다는 주장이었다.

메이지 유신이 일어난 지 5년째 되던 1872년에는 처음으로 여자아이들도 국민학교에 입학하여 공부를 하도록 했다. '여자가 한자를 읽을 수 있게 되면 불행해진다.'는 고루한 생각이 채 가시지 않던 시절이었다. 여자들을 위한 초등교육 기관과 함께 훌륭한 인재에 걸맞는 신부감 양성소로 여자영어학교와 개척사 여학교를 세웠다. 서양 교사들이 초빙되어 양가집 규수를 신식으로 교육시켰다.

진보적 개혁주의자 모리 아리노리 (1847~89). 일본 최초의 서양식 결혼식으로 큰 화제가 되었다.

'개척사 여학교'는 북해도 자원 개발을 꿈꾸는 개척꾼들의 반려자가 될 수 있는 능력과 자질을 계발하는 엘리트 교육기관이었다. 12~16세 사이의 재능 있는 여학생들을 50명쯤 선발하여 서양 언어와 문화를 가르쳤다.

청년 모리는 이 학교에 대단한 관심을 갖고 라이만이라는 지질학 선생을 추천하였는데 염불보다는 잿밥에 마음이 있었던지 그는 쓰네(常)라는 여학생에게 반해 관계기관에 정식으로 제자와의 결혼을 신청하는 해프닝을 일으켰다. 이 같은 염문 소동이 계기가 되어서인지 모리는 쓰네를 눈여겨보게 되었다. 그녀는 뛰어난 미모에 총명함과 발랄함이 넘치는 진보적인 성향을 띤 아가씨였다.

그러나 모리에게는 이미 결혼을 약속한 처녀가 있었다. 영국식 교육을 받은 신사로서 결혼의 약속을 어긴다는 것이 무척이나 힘들었지만 쓰네의 마술적인 매력에는 눈이 멀지 않을 수 없었다. 모리는 첫사랑의 연인에게는 사범대학을 졸업할 때까지 일체의 학비를 부담한다는 조건을 제시하면서 용서를 구했다.

모리는 28세 때 8세 연하의 쓰네를 아내로 맞아들였다. 라이만 사건이 발생한 지 1년이 채 안 되었던 때였다. 그때 그들의 결혼식 전말은 매스컴의 대대적인 보도로 장안의 이야깃거리가 되었다. 그도 그럴 것이 지금까지 듣도 보도 못하였던 일본 최초의 서양식 결혼식이었던 것이다.

일본의 계몽 사상가인 후쿠자와가 서양식 예복 차림의 신랑과 엷은 쥐색의 양장에 하얀 베일을 쓴 신부를 앞에 두고 혼인 서약서를 낭독했다. 신랑 신부와 증인이 그 서약서에 각각 서명했다. 일본의 혼례식 전통을 파괴한 파격적인 결혼식이었다. 식후에는 현대판 결혼 피로연까지 개최하여 두고두고 세간의 화젯거리가 되었다.

모리는 자신의 결혼식을 통해서, 아직은 개화가 뭔지도 모르는 일본인들을 개명시키려는 의도를 갖고 있었다. 일본은 변하지 않으면 안 된다, 서양화하는 것만이 살 길이다라는 것을 행동으로 보여 주려 했다. 부부는 모름지기 남녀 동등의 원칙에 따라, 서로가 합의한 혼인서약에 의해 맺어져야 한다는 평소의 지론을 행동으로 보여 준 셈이다.

언론에서는 일본 최고의 신식 부부의 탄생을 '모리의 쾌거', '모리 하이칼라의 결혼', '문명 개화의 결혼'이라고 대서특필하였다. 서로 존경하고 서로 사랑한다는 혼인 서약을 둘 중의 한 사람이라도 어기면 헤어져야 한다는 해설 기사도 덧붙였다. 지금부터 120년 전 일본에서 있었던 혼인 잔치의 전말이다.

결혼 4년 만에 모리는 특명 전권공사로서 영국으로 부임하게 되었다. 오늘날의 대사이다. 대사 계급이라고 하지만 모리가 32세, 부인 쓰네가 24세 때였다. 영어를 자유자재로 구사하는 발랄한 일본 마나님은 단번에 런던 외교가의 스타로 떠올랐다.

  쓰네는 아이를 둘이나 생산했는데도 여전히 아름다웠고 오히려 풋풋한 아름다움에 농염한 자태마저 스며들어 고혹적이었다. 빅토리아 여왕도 알현하여 외교가의 시샘을 자아내기도 했다. 귀부인에게 걸맞게 미술 전람회, 유적 관광, 음악회 순례로 런던 생활 4년을 한껏 즐기며 물 만난 고기처럼 런던 사교계의 꽃으로 얼굴을 안 내민 곳이 없었다.

  그러나 일본 최초의 국제인 모리 공사의 표정은 부인의 표정과는 달리 우울하기만 했다. 심심찮게 들려오는 부인의 스캔들 때문이었다. 봉급의 태반을 부인의 의상비로 지출해야 했던 그로서는 마음이 편할 리가 없었다. 일본적 정취가 없는 쓰네에게서 사무치는 외로움을 느끼기도 했다.

  그렇다고 남녀 동등권의 전도사를 자처한 그로서 자기 부인을 가정이라는 새장 안에 가둬 둘 수만은 없었다. 아니 그녀는 이미 새장 밖의 세계에 빠져 있었다. 주위의 잡새들이 가만두지를 않고 사교라는 이름의 먹이를 던져 끊임없이 유혹해 냈다.

  1884년 4월 런던 생활을 끝마치고 귀국해야 했다. 모리의 전기를 보면 그해 12월에 장녀의 출생 신고를 한 것으로 되어 있다. 우치다 로안(內田魯庵, 1868~1929)의 《추억의 사람들》이란 책에 "모 대신의 부인이 붉은 머리털에 푸른 눈의 아이를 낳았다."고 기록되어 있다. 모 대신은 다름 아닌 모리를 지칭한다. 해괴한 소문이 떠돌고 있는 가운데도 모리는 귀국 이듬해에 이토 총리에 의해 최연소 각료로서 문교장관에 발탁되었다.

영국에서 귀국한 후 8개월 만에 출생신고를 한 것으로 미루어 보건대, 쓰네가 한창 사교계의 꽃으로 명성을 날리던 런던 무대에서 임신한 것으로 추정된다. 문교장관에 취임한 지 얼마 안 되어 모리는 어쩔 수 없이 성격 차이란 이유로 결혼생활 10년을 이혼으로 마감했다. 이혼 사유도 국제인다웠다.

기이하게도 모리는 생후 2년 수개월된 고명딸을 양녀로 보내 버렸다. 일본에서 태어난 사내아이 둘은 모리가 재혼을 한 후에도 계속 키웠는데, 어째서 셋째 아이는 양녀로 가야 했을까. 우연의 일치인지는 모르겠으나 장녀를 양녀로 보낸 1887년에 모리는 자작 칭호를 받았다. 일본의 자작과 푸른 눈의 딸은 어울리지 않는다는 판단이었을 것이다.

쓰네는 이혼 이후 정신적 우울증이 생겼다는 풍설이 있긴 하나 그야말로 모리 주위에서 바람처럼 사라졌다. 모리에 관한 기록은 많이 남아 있지만 쓰네의 기록은 거의 없다. 언제 어디서 죽었으며, 어디에 묻혔는지 구름에게나 물어봐야 할 형편이다.

푸른 눈의 요정인 딸의 출생을 두고 여러 가지 설이 분분하다. 일설에 의하면, 인종 개량주의자인 모리는 태교를 신봉하여 임신부가 좋은 책을 읽으면 머리 좋은 아이가, 아름다운 것을 보고 있으면 예쁜 아이가 태어난다고 믿었다.

어느 때부터인가, 모리는 태교의 하나로서 부인에게 영국인 미남 청년

일본 국제화에 앞장서 온 모리 아리노리의 정신을 이어받아 개교한 국제기독교대학 캠퍼스 일부. 이 대학은 "수위까지 영어를 한다."는 소문대로 교수의 26%가 외국인이고 강의는 영어로 진행한다.

을 옆에 두고 그의 오똑한 코, 잘 생긴 이마, 깊은 눈을 쳐다보고 있도록 했다고 한다. 태교의 효과가 기가 막히게 잘 나타나서 붉은 머리에 푸른 눈의 장녀를 얻었던 것일까. 자기 마누라도 제대로 건사 못하면서 태교에 빠진 대가를 톡톡히 치른 셈이다.

모리는 쓰네와 이혼한 다음해에 명문가의 딸로서 이미 1남 1녀의 어머니인 히로코와 재혼하였다. 둘 다 결혼에 실패한 경험이 있어 조심스러웠지만, 그러나 별탈 없이 지내던 중 모리는 재혼한 지 1년 반 만에 암살당하고 말았다.

모리는 문교장관으로서 일본의 개혁을 위해 나름대로 혼신의 힘을 다한 것으로 평가된다. 오늘날 보수 계층이 향수를 느끼고 있는 '제국'이라는 말은, 그가 'Imperial University of Tokyo'를 '동경제국대학'으로 번역한 데서 비롯되었다고 한다. '대일본제국' 건설이 그의 야망이었다.

　이상주의자 모리의 암살을 자초한 계기는, 그가 한자투성이의 일본어를 폐지하고 영어를 국어로 쓰자는 과격한 교육 개혁안을 들고 나왔던 때문이었다. 일본어는 일본 본래의 독창적인 것이 아니라 중국 한자에서 따온 것이 많다, 남의 나라 말을 차용해서 쓸 바에야 국제어를 모국어로 하는 것이 상책이라는 주장이었다.

　모리는 어떤 의미에서 일본 국제화의 선구자였다. 모리의 정신을 이어받은 국제화 첨병으로서는 1949년 미국 선교 단체의 성금으로 개교한 일본 국제기독교대학을 꼽을 수 있다.

　동경 외곽에 위치한 20만 평의 이 대학은 "수위까지 영어를 한다."는 소문대로 교수의 26%가 외국인이며 강의는 영어로 진행하고 있다. 유엔 기구에 진출한 일본인 45명 중 국제기독교대학 출신자가 6명이나 된다. 이 대학은 패전의 폐허로부터 세계 유수의 경제 대국으로 발돋움하는 과정에서 일본의 국제화에 앞장섰다는 평가를 받고 있다.

　우리나라에도 미션 계통의 대학이 있지만 40여 년 이전부터 영어로 강의하면서 국제인을 양성한 곳은 없었다. 이제야 그런 방향으로 움직이고 있는 것 같다.

최근 일본인의 성(性)

지금부터 100여 년 전쯤인 1907년에 오스트리아의 민속학자 크라우스
(Friedrich S. Kraus)가 《일본 민족의 관습, 풍습, 신앙 및 관습법으로부
터 본 성생활》을 출판하여 학계에 큰 반향을 불러일으켰다.

일본 여인과 하룻밤 풋사랑은커녕 일본 땅에 한 번도 발을 들여놓은 적
도 없는 사람이 집필했다고는 도저히 믿어지지 않을 정도로 깊이 있는
논문이라는 평가였다. 그 후 크라우스는 독일계 일본인과의 서신 교환을
통해 개정 작업을 계속하여 1931년에 개정 증보판을 출간하였다. 이 책
은 오늘날 일본인의 성생활에 관한 고전으로 꼽히고 있다.

젊은 시절 마쿠라에(枕繪)로 불리는 춘화와 크라우스의 저서를 대하고
나서부터 일본인의 성에 대해 관심을 갖기 시작했다. '인간은 성적 존
재'라는 그의 말에 공감하면서 성을 통해 일본인의 숨겨진 일면을 이해
하는 작업을 나름대로 계속하여 왔다.

크라우스가 열거한 일본인의 성풍습 중에는 이미 사라진 것도 많이 있
다. 사회적 변화는 성생활에도 적잖은 영향을 끼치고 있다. 포르노와 성

의 상품화가 부부생활에도 위력을 발휘하고 있다. 키스 장면이 일본 영화에 처음 선을 보인 것은 1946년 〈스무 살의 청춘〉에서였다. 당시의 키스는 암울한 군국주의 시대가 패전의 역사 속에 묻히고 새롭게 태동한 자유주의 상징으로서 일본사회에 급속히 퍼지기 시작했다. 그렇게 시작한 사랑의 입맞춤이 이제는 일본인 부부 4할 이상이 성행위의 전희로서 펠라치오와 커널링거스를 안방에서 자연스럽게 연출하게 되었다.

일본의 월간지 《현대》는 성인 남녀 3천여 명을 대상으로 일본인의 성 의식과 성 행동에 관한 조사 결과를 2000년 6월호에 특집으로 게재하였다. 일본 여성의 대부분이 자위 경험이 있고 기혼녀도 가끔 성 불만 해소를 위해 그 짓을 하고 있다고 한다. 최초의 성 경험은 남성 20.2세, 여성 19.2세이나 20~24세의 여성은 17.8세로 성을 체험하는 연령이 점차 어려지고 있는 것으로 나타나고 있다.

놀라운 사실은 섹스 파트너가 한 사람에 국한되지 않고 두 명 이상으로 늘어나고 있다는 점이다. 남성은 6할, 여성은 5할 이상이 배우자, 애인 이외의 상대와 섹스 경험이 있다고 하며 실제로는 그 이상이 되는 것으로 분석되었다. 여성에게도 과거의 성적 기억이 남아 있어 배우자에게 보다 강렬한 자극을 기대하는 심정이 되기도 하나 이를 차마 노골적으로는 요구할 수 없다고 한다. 이 같은 여인네의 마음에 별로 남자들이 신경을 안 쓰는 것 같아 불만스럽다는 반응도 있다.

한편 2003년도의 다른 조사에 의하면, 성관계를 전혀 갖지 않는 부부, 소위 섹스리스 커플(Sexless Couple)도 늘어나고 있는 추세이다. 40대 중

최근 일본 기혼 여성들의 성의식과 성행동에 관한 조사 결과를 취재 보도한 한 대중잡지 기사.

반 이상의 남녀 공히 한 달에 한 번 이하의 관계를 갖는 비율이 5할 이상이나 된다. 심신이 고단하다는 게 남자들의 푸념이다. 남자들의 정자 수가 감소하는 추세에 있다고 의사들은 경고하고 있다.

이런 상황에도 있는 게 시간밖에 없는 노인장들 가운데는 연부력강(年富力强)의 실력을 과시하는 예도 있어 부러움을 사고 있다. 91세의 할아버지가 78세의 할머니와 온천여행을 가서 1주일에 두 번씩이나 했다는 무용담이 신문에 게재되기도 했다. 40~70대들의 성적 애로사항의 하나로 성교 시의 고통을 상담하는 건수가 가장 많다고 한다.

일본의 어느 호사가는 역사상 가장 유명한 호색한으로 알려진 카사노바의 《회상록》을 컴퓨터로 분석하여 카사노바의 섹스 행각을 밝혀 냈다.

체험한 여성 132명, 국적 11개 국, 연령 11~50세, 처녀 31명, 1일 최다 기록 12회, 거부한 사람 16명 등등이었다. 카사노바처럼 분발하자는 의도인지는 모르겠으나 그를 흉내내기는 간단치 않을 터이다.

카사노바는 단순한 플레이보이가 아니었다. 작가, 투기꾼, 도박사, 스파이 등 참으로 파란만장한 인생을 보낸 모험가였다. 그는 "나는 철학자로 살다가 크리스천으로 죽는다."는 유언을 남기고 73세의 나이로, 이국에서 고향 베네치아를 그리며 쓸쓸하게 죽어 갔다.

그가 남긴 최대의 공적은 자기의 인생에서 만나고 헤어진 사람들과 그 장소를 회상한 《회고록》일 것이다. 1791년부터 1798년 숨을 거둘 때까지 체코의 수도 프라하에서 차로 두 시간 남짓 떨어진 둑스 성에서 왕년의 좋은 시절을 회상하면서 프랑스어로 회고록을 집필하였다. 그는 왕성한 그의 정력이 거둔 혁혁한 성과처럼 그의 회고록이 유럽에 엄청난 반응을 불러일으켜 작가로서의 불후의 명성을 가져다 줄 것으로 기대하였다.

그러나 오늘날 많은 사람들이 카사노바를 작가로서가 아니라 희대의 돈환으로서 떠올리고 있는 것을 보고 지하의 카사노바는 어떤 모습을 할까. 뿐만 아니라 에로틱한 정사의 기술이 전편에 흐르는 그의 《회상록》은 문학 작품으로서보다는 18세기 유럽 사회의 풍속을 다룬 특이한 기록물로서 더 후한 점수를 주고 있는 것도 카사노바에게는 실망스러운 결과라 아니할 수 없다. 호기심과 학습 욕구가 유별난 일본인들이 카사노바의 언변과 생활의 전모를 철저히 연구하여 이를 널리 보급한다면 일본열도의 밤은 한결 더 뜨거워지리라.

미즈고여 용서를!

일본어에는 한자가 무척 많이 쓰인다. 일본식으로 발음은 못해도 뜻은 그럭저럭 통하게 되어 있다. 그러나 가끔은 예외가 있는데 미즈고(水子)라는 단어가 바로 그렇다. 미즈고는 유산되거나 낙태시킨 어린 생명을 지칭한다.

미즈고의 미즈(水)는 원래 물이라는 의미이나 '낙태하다'는 뜻도 지니고 있다. 한자가 다양하게 사용되고 있음을 보여 주는 본보기이다. 옛날에 낙태의 은어로서 "물로 만든다."라는 말이 부인들 간에 통용되었다는 기록이 있다.

일본 사람들은 유일신에 대한 신앙심은 돈독하지 않지만 신을 섬기는 데는 광신도에 못지않다. 웬만한 가정에는 신단을 두고 있으며 먼지가 앉을새라 신경을 많이 쓰고 있다. 유산되거나 낙태시킨 생명체에 대해서도 공양을 드리고 용서를 구한다. 이런 풍습이 있는 곳은 세계에서 일본뿐이 아닌가 한다.

한국 보건사회연구원이 최근 공개한 자료에 의하면 우리나라에도 태아 성 감별과 낙태를 통해 희생되는 여아만 해도 연간 3만 명으로 추산되고 있다. 그러나 우리나라에는 이들의 명복을 비는 곳은 없다.

도쿄 타워 부근에 증상사(增上寺)라는 큰 절이 있다. 도쿠가와 이에야스와 관련된 사찰이라고 하여 유명하다. 본래는 20만 평의 넓은 대지였으나 지금은 대부분 공원으로 조성되고 7,000평 정도 된다. 땅값 비싼 도쿄 중심가에 7,000평의 경내 면적을 가진 절이 존재할 수 있는 것은 역시 그 절의 명성 때문일 것이다.

그 절 한쪽 켠에 바람개비를 손에 든 어린 돌부처 무리가 풍상을 견디고 있다. 벚꽃잎이 하얀 눈처럼 석불 위에 하염없이 지고 있는데, 사연 많아 보이는 아가씨가 돌부처처럼 서 있는 모습을 훔쳐본 적이 있다.

미즈고를 위해 작은 석불을 만들고 예를 드리는 젊은이들의 모습은 흔히 볼 수 있다. 도쿄 부근에 아기절이라 불리는 정애원이 있다. 미즈고의 왕생극락을 기원하는 곳이다. 주위에는 과자, 장난감, 턱받이, 양말 등이 어지럽게 널려 있고 향불의 연기가 끊이지 않는다.

죄 없는 어린 생명에 대한 참회 의식이다. 집안에 우환이 그치지 않거나 사업이 안 되면, 마음에 짚이는 데가 있는 부인네들은 남편 몰래 조용히 절에 가서 미즈고를 위한 공양을 드린다. 아예 절에서 돈을 받고 일정 기간 목탁을 두드려 영혼을 위로하기도 한다.

일본에는 옛날부터 먹고살기 힘든 집안에서는 한 입이라도 줄이기 위해 영아를 살해하여 강이나 바다에 버리는 습관이 있었다. 주로 2~3세의 여자아이가 그 대상이 되었다. 무우나 배추를 솎아 내듯이, 가족 전체

미즈고를 위한 작은 석불들. 증상사에서는 어린 영혼을 위로하고 왕생 극락을 기원하는 예를 올린다.

를 위해서 솎아 내 죽인다고 하여 마비키(間引)라고 한다.

"모난 돌이 정 맞는다."는 속담대로 조직의 생리에 비추어 개성이 너무 강하다고 생각되는 사람이 주위의 경원에 배겨 나지 못하고 스스로가 물러나게 하는 것도 현대판 마비키라고 하겠다.

초근목피로 연명해야 했던 옛날 우리 땅에도 살아속, 애버레 등의 악습이 있었으나 그 정도가 일본에서는 상당히 심했던 모양이다. 1585년에 간행된 《야소회 일본연보》에 어느 선교사가 악마의 부추김으로 영아 살해가 무수히 많다고 적고 있을 정도이다.

일본 자장가에조차 마비키를 지칭하는 단어가 나오고 있다.

자장, 자장, 잘 자거라
자지 않으면 강에 버린다
자장, 자장, 잘 자거라
자지 않으면 묻어 버린다

이 자장가 중 '강에 버린다', '묻어 버린다'는 마비키의 은어라고 한다.

기근, 질병 그리고 마비키 등으로 일본 인구 증가가 심한 정체 현상을 보인 적도 있다. 1726년 일본에서 최초로 실시한 인구조사에 의하면 2,655만의 인구가 100년 후인 1828년에는 고작 65만이 증가한 2,720만에 불과했다고 한다.

메이지 시대에는 생활고에 시달린 젊은 어머니들이 아직 동서남북도 모르는 철부지와 함께 자살하는 경우가 많았다. 영아 살해라는 가혹한 십자가를 평생 지고 사느니 차라리 같이 죽어 버리자는 자포자기의 심정이었을 것이다.

요즈음에는 생활고로 인한 낙태는 없다. 잡지 등에 나오는 통계를 보면 1년에 약 35만 건의 낙태 시술이 이루어지고 있다. 이중에는 가족 계획에 의한 어쩔 수 없는 수술도 있겠지만 반드시 다 그렇지는 않을 것이다. 이런 추세라면 일본의 중들은 미즈고 공양만 대신해 줘도 밥 먹고살기는 어렵지 않을 것 같다. 일본 스님이 일반인과 밀접한 관계를 맺고 있는 것도 따지고 보면 장례식과 가족 묘지를 절에서 도맡아 관리해 주고 있기 때문이다.

카마쿠라 신전 제단 앞에서 한 커플이 작은 불상을 바치며 낙태한 아기의 명복을 빌며 기도하고 있다.

최근 일본에는 미혼모가 늘어나는 추세라고 한다. 그런데 요즘에는 미혼모 대신 비혼모(非婚母)라는 말이 쓰인다. 미혼모라는 단어가 주는 차별적 이미지를 없애기 위해서이다. 미혼이 아니라 자기 의사에 의해 결혼하지 않고, 남자 없이 아이를 키우는 어머니라는 점을 부각시키고 있다. 여자에게 결혼이란 의례가 반드시 치러야 하는 필수사항이 아니고 혼자서 아이를 키우며 살아가는 방식도 조금도 꿀릴 것 없는 삶의 형태라고 주장하고 싶어한다.

20년 전 미혼모·비혼모 그리고 이혼한 여성들이 '혼자 사는 어머니들 포럼(Single Mothers Forum)'이라는 전국 조직을 결성하여 아동 부양수당의 부당한 규정을 개정하는 성과를 올리는 등 지금도 활발한 활동을 벌이고 있다. 얼마 전에는 도쿄에서 창립 20주년 기념식을 성대히 개최했다. 일본 전역에 어머니와 자녀만 사는 모자세대(母子世帶)가 95만이라니, 100만 세대 돌파는 시간문제인 듯하다.

일본 여성들은 피임약보다는 콘돔을 즐겨 사용한다고 한다. 콘돔 사용 비율이 77%로 세계에서 단연 최고라고 한다.

일제 콘돔이 맨 처음 선을 보인 것은 1860년대 말이었다. 도쿄의 어느 약국 주인이 고무풍선 가게에 수입품을 보여 주면서 제조를 부탁하여 개발되었다고 한다. 일본의 개량 기술이 유감없이 발휘되어 1930년대에는 두께 0.1mm의 제품을 생산하여 콘돔 수출국이 되었다. 제2차 세계대전 중에는 중국 대륙을 비롯하여 동남아 각국으로 출병한 일본 병사들에게 국제 매독이 퍼졌다. 당황한 군부에서는 콘돔을 대량 제조하여 다른 군수품과 함께 병사들에게 지급하였다. 육군용 콘돔은 '돌격 앞으로', 해군용은 '철모'였다.

콘돔 생산량은 10억 개를 상회했으며 이중 60% 정도가 국내 수요용이고 나머지 40%는 해외에 수출되고 있다. 현재 콘돔의 질은 개량의 여지가 없을 정도로 초완성도를 자랑하고 있으며 두께도 0.02mm로 얇아졌다. 이와 같은 완벽한 콘돔 수출국인데도 연간 수백만 건의 낙태 시술이 여전히 이루어지고 있다고 하니 알다가도 모를 일이다.

요즈음 젊은 여자들 사이에는 '신체 토론회'라는 모임이 있다고 한다. 다이어트나 예뻐지는 방법을 토론하는 것이 아니라 원하지 않은 임신을 피하기 위한 여성 모임이라고 한다.

일본인들이 미즈고에 대한 참회의 예를 드리는 장소로서 어째서 신사보다는 절을 선호하는 것일까. 이미 말한 대로 미즈고 공양을 전문으로 하는 절도 있다. 한마디로 미즈고 공양사업을 벌인 셈이다. 불교의 상업주의 영향도 없다고는 할 수 없지만 그것보다는 신토(神道)가 갖는 특성 때문인 것 같다.

보통 일본에서는 아이가 태어나면 미야마이리(宮參)라는 신사 참배의 통과의례를 거친다. 사내아이는 32일째, 여자 아이는 33일째에 신사 참배를 한다. 일종의 조상신에게 인간의 한 동아리 속에 들어와서 특히, 같은 씨족의 후예임을 고하는 의식이라 하겠다. 이와 같이 신사는 출생과 깊은 관계가 있는데도 미즈고 공양은 절에 가서 한다.

신토는 죽으면 지옥 또는 천당으로 간다는 식의 내세관을 갖고 있지 않다. 신토는 엄격한 의미에서 종교라고 할 수 없는 측면이 있다. 경전도 교의도 없다. 물론 교조도 없다. 조상신을 모시는 조상 숭배교라고나 할까. 일본에는 공식 등록된 신사 800만 개를 포함하여 미등록된 군소 신사까지 총 20만 개쯤 된다고 한다. 신사에서 받드는 신조차 증가하고 있는 실정이다.

지금까지 모시고 있던 신이 효험이 떨어진다고 생각되면 잘 나가는 신의 분령을 모셔 오기도 한다. 일본어에 800만의 신이라는 말이 있듯이 일본은 신의 나라, 귀신의 나라이다. 사람은 죽으면 누구나 부처가 되는 것이다. 이와 같은 신사에서 피안으로 사라져 버린 어린 생명의 명복을 어떻게 빌 수 있겠는가.

원래 일본 사람들은 신사와 절을 별개의 것으로 생각하지 않았고 오히려 신불혼효(神佛混淆)였다. 《일본서기》에도 "요메이(用明) 천황이 불법을 믿고 신토를 존중하다."라고 기록되어 있듯이 불교와 신토를 아울러 믿었다. 현재에도 대개의 가정에는 신단과 불단을 나란히 만들어 놓고 있으며, 신사와 불교 사찰의 행사에 다같이 참여하는 것이 일본인의 종교 행태이다. 메이지 시대에 접어들면서 신토를 국교로 삼기 위한 정치적 의도에서 메이지 정부가 신토와 불교를 갈라놓았다.

미즈고는 미야마이리도 못했기 때문에 조상신 가까이 가지 못하고 절간 한 켠에 있는 석불의 바람개비가 만든 바람을 타고 구천을 헤매고 있는지 모른다.

쾌락의 도성 요시와라

현대 일본은 사회적으로 성의 상품화라고 하는 큰 문제를 안고 있다. 이 같은 현상에 이르기까지는 긴 매춘의 역사가 있다. 인류의 가장 오래된 직업은 매춘부라는 말이 있다. 메소포타미아 문명의 기초를 쌓은 수메르인의 기록에 따르면 신전창부(神殿娼婦)가 최초의 매춘부로서 이미 기원전 3천 년경에 존재했다고 한다. 신전창부는 성의 베테랑으로서, 신전에 공물을 가져오는 모든 남자와 관계를 해야 했다.

우리나라에도 "젊은 무당년 같다."라는 말이 있는데, 이는 귀신을 섬긴다는 무당의 매춘이 상식화되었던 때가 있었음을 보여 주는 예이다.

일본에 매춘부를 지칭하는 어휘가 400여 개나 된다고 하니, 이를 보더라도 꽤 오래 전부터 매춘이 존재했다는 사실을 알 수 있다. 성(性)을 국가가 관리하는 공창이 일본에서는 일찍부터 발달하였다. 유녀의 거주지인 유곽은 임진왜란 발발 3년 전인 1589년 도요토미 히데요시(豊臣秀吉)가 교토(京都)의 야나기초(柳町)에 처음 만들었다. 이 유곽은 후에 버드나무와 꽃이 어우러져 있는 시마바라(島原)로 이전하였다. 흔히 홍등가를 화류계라고 한 것은 바로 버드나무와 꽃의 거리 시마바라에 유녀들이 거주하게 된 데서 비롯되었다 한다.

일본 성문화의 상징으로서 세계에 널리 알려진 것은 유녀들의 현란한 모습을 그린 우키요에(浮世繪)와 유녀들의 집단 거주지 요시와라(吉原)이다. 에도를 방문한 파란 눈의 사내들은 요시와라에서 즐기고 난 다음에 '섹스가 예술적인 분위기 속에서 예술적으로 이루어지는 곳'이라고 경탄해 마지않았다. 일본인만큼 성적 향락을 위해 여러 가지 방법과 용구를 많이 고안해 낸 국민도 달리 없을 것이다.

명성도 드높은 요시와라는 1617년에 공인되어 지금의 미쓰코시 백화점 본점 부근인 도쿄 한복판에 건설되었다. 당시 이곳은 갈대만 무성하던 습지대였다. 약 15,000평 규모의 습지대를 메워 에도 250년간 태평성대를 구가한 밤의 천국을 만들었다. 오사카의 신초(新町), 에도의 요시와라, 교토의 시마바라는 일본의 3대 유곽지로서 일찍부터 역사와 전통을 자랑했다.

조선에 대한 일본의 침략정책이 그 마각을 드러내기 시작한 1904년 10월 일본 당국은 당시 신초(新町)라고 불리던 쌍림동에 제일루(第一樓)라는 유곽을 개설했다. 최초의 유곽이라는 뜻으로 제일루라고 옥호를 지었다. 그 후 이곳에는 20여 개의 유곽이 들어섰다. 일본 당국이 왕년에 오사카에서 번창했던 신초의 매춘업을 재연한 것이었다.

요시와라라는 공창 지대가 국가에 의해 건립된 데에는 나름대로의 사연이 있다. 도쿠가와 이에야스(德川家康)는 1590년 지금의 도쿄인 에도

1589년 도요토미 히데요시에 의해 일본 최초로 만들어진 유녀들의 집단 거주지 교토 야나기초의 유곽거리.

(江戸)에 입성하여 천황이 있는 교토를 압도할 수 있는 도성과 시가지 건설에 온 힘을 쏟았다. 전국 각지에서 목공과 석공 등 온갖 일꾼들이 에도로 몰려들었다.

남자들만의 사회가 출현하게 되자 이에 질세라 전국 각처에서 내로라하는 논다니들이 몰려왔다. 당시 에도에는 여자가 전체 인구의 40%도 채 못되었다고 한다. 당연히 남녀 성비에 심한 불균형 현상이 나타나게마련이다. 이 갭을 메워 주는 노릇이 창부의 몫이었다. 공사장을 중심으로 사창가들이 들어서기 시작하였고 술 취한 오입쟁이들의 소란으로 민가에서는 제대로 잠을 잘 수가 없다는 불평이 거세졌다. 풍기 문란이 날로 심해졌으나 이를 단속할 공권력도 부족하여 창녀들을 일정 장소에 모아 관리할 필요가 생겼다. 그렇지 않으면 에도성 자체가 사창 소굴로 전락할 위험성도 있었다.

에도 막부는 산킨코타이(参勤交代)라는 제도를 도입하여 지방 호족들을 일정 기간 에도에 거주케 하였다. 에도에 거주하는 다이묘(大名)들은 일종의 볼모이기도 하였으며, 두 집 살림을 해야 했기 때문에 막대한 경비를 필요로 했고 경비 조달에 급급해 다른 마음을 먹고 반역을 도모할 재정적 여력이 없어졌다. 절묘한 반역 억제 정책이었다.

또한 이들은 단신 부임하여 많은 무사들과 가신들을 데리고 3년 정도 타향살이를 강요받았으니 불편한 게 한둘이 아니었겠지만 무엇보다도 객지의 고독감이 가장 견디기 힘들었다. 전쟁이 없는 태평시대에 인질로 와 있는 그들의 유일한 배출구는 여자와 술뿐이었다. 이들은 날이 지고 밤이 새는 줄도 모르고 퍼마시며 유녀들의 치마폭에 빠져들었다.

에도 중심지에 홍등가를 대규모로 조성하여 남성의 성적 욕구를 충족시킬 수 있는 장소를 공인했다는 것은 일본 유녀사의 획기적인 이정표로 평가된다. 막부는 여성을 생식과 육아를 담당하는 여성과, 쾌락의 성을 담당하는 여성으로 확연히 구별하여 전자에 대해서는 현모양처를 강요하였으며 후자에게는 성을 상품화하도록 했다. 공권력에 의한 성관리는 제2차 세계대전 시 강제 연행당한 종군 위안부에서 그 모습을 다시 나타냈다.

요시와라에는 진탕 퍼마시고 벌인 뜨거운 정사 때문인지 화재가 자주 일어났다. 더욱이 에도 중심지에 있는 '쾌락의 도성'은 사회 풍기 문란의 표본 지대였다. 요시와라에서는 돈 많은 사람이 왕이었다. 지갑은 가벼운 주제에 콧대만 센 사무라이들은 제대로 대접도 못 받았다. 오로지 돈만이 모든 것을 말하고 모든 것을 결정하는 무계급의 천국이었다.

사무라이들은 계급의 상징인 칼을 출입구에 맡겨 놓고 맨몸으로 들어가야 했다. '먹지 않고도 이를 쑤신다.'는 사무라이들의 거드름은 이곳에서 통하지 않았다. 1876년부터는 폐도령(廢刀令)에 따라 무사들은 칼의 휴대가 금지되었는데, 이는 무사의 권위가 완전히 땅에 떨어졌음을 의미하며 세상이 바뀌었음을 알리는 증좌이기도 하였다.

신흥 상인 계급들은 기고만장했다. 돈만 있으면 손쉽게 꺾을 수 있는 꽃의 향연에 탐닉했다. 관능적이고 고혹적인 유녀의 하룻밤 화대가 13량, 지금 돈으로 하면 자그마치 240만 원이나 된다. 유녀들을 30명씩 관리하는 포주들은 신흥 자본가로 부상하였고 이들을 조자(長者)라고 하는데 이는 백만장자나 부호를 의미한다.

요시와라의 유녀 수는 3,000명이나 되었다. 하루 저녁에 3,000명의 일본 남자들에게 성의 세례를 주는 유곽 지대는 단순히 육체의 향연장일 뿐 아니라 사교장이었으며 패션의 거리였다. 요시와라는 그 크기에 손색이 없게 유곽 운영을 꽤나 조직적으로 했다.

봄에는 밤 벚꽃놀이를 빙자한 유객 행위를 하기도 했으며, 유곽 안내서인 '요시와라 사이켄(吉原細見)'이라는 팸플릿도 발행하여 유녀들의 변동

현황도 알렸다. 요시와라의 치안은 절대 안전하였다. 특별 경비를 받고 있었으며 수배자나 범죄자들은 당국에 바로 신고하도록 되어 있었다.

요시와라는 시내 중심지에 위치해 있어 이를 어느 정도 격리된 곳으로 옮겨야 한다는 의견도 많았던 차에 큰 화재가 발생하여 1657년 지금의 아사쿠사(淺草)로 이전하였다. 화재가 발생하자 포주들은 주변의 민가를 임차하여 임시로 영업을 하였는데, 웬일인지 정상적으로 영업을 할 때보

성의 세례를 주는 요시와라의 유곽에서 남성을 유혹하는 관능적인 유녀의 모습을 묘사하고 있다.

다 인기가 더 높았고 수입도 짭짤했다. 변화와 파격을 추구하는 난봉꾼들이 민가에서 놀게 되자 유부녀들과 즐기는 기분을 느낄 수 있었던 모양이다. 요시와라에는 이런 이유에서인지 큰 화재만 해도 24회나 발생했다고 한다.

시내 중심지에서 옮긴 유흥가를 신요시와라라고 했다. 신장 개업한 아

사쿠사 요시와라는 거리가 멀어 교통이 불편하고 화대가 만만치 않아 손님이 줄어들었다. 공창 대신에 값싸고 편리한 오카바쇼(岡場所)라고 하는 사창이 유행하기 시작했다.

일종의 무허가 매춘업소였다. 목욕탕, 여관, 찻집에서도 사랑을 팔기 시작하자 요시와라 측이 당국에 철저한 불법 매춘 단속을 호소하기도 하였지만 그때뿐이었다. 사창은 계속해서 독버섯처럼 번져 나갔다.

1868년 메이지 유신 이후 화류계의 눈부신 발전으로 고전적인 매춘 센터인 요시와라는 품위와 명성을 잃어 가고 단순한 육체의 시장으로 전락하였다. 일본의 공창제도는 일본인들이 서울로 몰려들기 시작하면서부터 조선땅에도 이식되었다.

서구인들은 식민정책 수행에 있어 종교를 앞세웠지만 일본은 창녀와 낭인들을 데려왔다. 악의 꽃으로 불리는 창녀들이 집단적으로 거주하는 유곽은 1890년대 일본인들이 고도의 정치적 목적으로 조성한 것이었다.

1946년 공창 폐지 이후에는 적선 지대로 간신히 명맥을 이어 왔다. 일터를 잃게 된 매춘부들과 포주들은 1956년 '전국 성병 예방 자치회'라는 조합을 결성하여 "매춘도 직업이다."라는 슬로건을 내걸고 향락산업 종사원의 권리를 위한 투쟁에 나섰다. 당시 국회에서는 매춘방지법 법안을 통과시키려 하고 있었는데 포주들은 일부 국회의원을 매수해서라도 이를 극력 저지하려고 했다. 이 무렵에는 여자가 남자보다 300만 이상이 많아서 굳이 공창이 필요하지 않은 상황이기도 했다.

결국 1958년 4월 1일을 기해 매춘방지법이 전국적으로 완전 실시되자 일본 성풍속은 새로운 시대로 접어들었다. 1966년 요시와라라는 지명도 사라져 다이토(台東)구로 편입되고 말았다.

서양 사람들은 일본인들을 일 중독증에 걸린 환자로 취급한다. 주간 노동시간이 영국인 39.8시간, 프랑스인 38.3시간, 미국인 34.2시간이나 일본인은 42.4시간으로 단연 많다. 일하는 시간이 많을 뿐 아니라 집중도도 높아 스트레스가 많은 탓인지 세계에서 술을 가장 열심히 마시는 축에 끼인다.

일본의 기업 등에서 쓰는 교제비가 연간 60조 원 정도로서 웬만한 국가의 전체 예산보다 더 많으니 놀라울 뿐이다. 나이트 라이프는 일본 경제 대국을 삐걱거리지 않게 하는 윤활유 구실을 하는 셈이다. 일본의 주당들은 인류가 낙원에서 쫓겨 난 것은 먹었던 때문이었지 마셨던 탓은 아니었다는 주정을 하면서 퍼마신다.

이 같은 분위기 속에서 소녀 매춘도 등장한다. '누구에게도 폐 끼치지 않고 좋아서 하는 일'이라고 쾌활한 목소리로 자기 변을 늘어놓는 낭랑 18세의 자기 주장에 입이 다물어지지 않는다. 수요가 있는 한 공급은 끊이지 않는다는 소박한 경제원리가 풍속 영업에도 적용된다면 요시와라는 또 다른 형태로 존재할 것이다.

도원경의 금고양이

일본인들은 몸 파는 여자에 대한 호칭을 자그마치 400여 개나 구사했다. 금고양이도 그중의 하나이다. 금고양이가 득실거리고 있는 요시와라를 '영혼을 세탁하는 도원경' 또는 '꿈을 돈으로 살 수 있는 세계'라고 호들갑을 떨었다.

요시와라에는 약 3,000명에 달하는 유녀들이 꽃뱀처럼 똬리를 틀고 앉아 씀씀이가 헤픈 사내들을 향해 유혹의 손짓을 하고 있었다. 이들은 일본 호색 문화의 중심적 존재이며 사치 문화의 모체이기도 하였다.

재미있는 현상은 평등을 내심 희구하는 이들에게도 엄격한 계급이 있었다는 점이다. 속세의 무사, 농민, 상인 및 직인 등으로 구분되는 계층 문화가 있듯이 유녀들에게도 서열이 있다. 다유(太夫) 또는 오이란(花魁)으로 불리는 유녀를 정점으로 하여 피라미드형의 상하 관계로 구성되어 있다.

다유가 거처하는 숙소와 헤어 스타일은 일반 조무래기 유녀들과는 격을 달리했다. 다유 이외의 상급 유녀를 설중매라고 불렀다. 눈 속의 매화처럼 눈부신 미녀라는 뜻이었을 게다.

다유와 하룻밤 사랑의 성을 쌓기 위해서는 서너 차례 헛걸음질을 해야했으며 매번 다유의 측근에게 선물과 용돈을 푸짐하게 안겨 줘야 했다. 1,000만 원 정도의 돈과 몇 차례의 헛수고 끝에야 가까스로 다유와 대면을 할 수 있었다.

하룻밤 화대는 약 400만 원이었다. 다유는 빼어난 미모에다 가무에 뛰어나고 재기가 넘쳤으며 그리고 방사에도 능하여 객으로 하여금 본전 생각이 안 들도록 하였다. 그러나 엄청난 갑부가 아니고서야 다유와의 사랑 놀음은 언감생심이었다. 최하위 유녀는 하룻밤에 고작 4만 원의 화대로 만족해야 했다.

유녀에 대해 잡다하게 격을 매겨 놓은 것은 실은 포주들의 농간이다. 한량들에게 돈을 우려내는 하나의 방법으로, 그들에게 호기심과 도전 의욕을 갖게끔 계급과 복잡한 절차를 마련했다는 설이 있다. 요시와라에서 한 번 맺은 정분을 나 몰라라 하고 다른 유녀를 집적거리면 유녀들이 작당하여 린치를 가하기도 하였다. 커다란 술통에 넣어 데굴데굴 굴렸다.

돈 많고 심심해서 죽을 지경인 한량들의 짓거리가 아니고 무엇이겠는가. 뭔가 새로운 놀이가 없을까 하고 선하품을 연거푸 하던 논다니들의 놀이였다. 린치를 면하기 위해서는 친구들이 돈을 싸들고 와서 사죄해야했다. 팁을 쥐어짜는 그럴싸한 방법이었다.

다유는 원래 신에 봉사하는 접대 매소부로서 하급 신관(神官)이었으며 마쓰리를 주재하였다. 유녀들은 신사(神社) 일이라면 열 일을 제쳐 두고

다유(太夫) 또는 오이란(花魁)으로 불리는 최상급 유녀가 외출할 때는 가무로(禿)라고 불리는 몸종과 경호원 등 한 떼의 시종들이 정중하게 그녀를 수행했고, 언제나 주위에 구경꾼들이 몰려들었다.

나섰으며 유녀방에는 예외 없이 신을 모시는 가미다나(神柵)가 있었다. 유녀가 매춘의 대가로 받는 화대라는 것도 명분상으로는 신에게 봉납된 예물이라는 것이다.

불교에서는 부처님에게 향과 꽃을 올리는 향화공양(香花供養)이 일찍부터 있었다. 부처님을 모시는 불단 주위에는 향로와 함께 꽃병이 놓여졌으며, 꽃병에 꽃을 꽂고 향로에 향을 피워 불전에 바쳤던 것이다. 신을 위해 봉사하는 여인에게 부처에 바칠 꽃을 사기 위한 돈을 준다는 허구논리를 내세우고 있다.

다유는 가무로(禿)라는 몸종과 경호원도 두었다. 다유가 외출할 때는 언제나 주위에 구경꾼이 몰려들었다. 뭉게구름처럼 쌓아 올린 헤어스타일, 땅바닥까지 질질 끌리는 비단 기모노 자락, 굽 높은 나막신을 신고 행차할 때는 가무로를 비롯한 한 떼의 시종들이 그녀를 수행하였다.

가무로(禿)라는 것은 본래 머리를 묶지 않고 앞머리를 눈썹 위에서 자르는 소녀의 헤어스타일을 말했다. 후에 그러한 머리 스타일의 소녀를 지칭하게 되었지만 유곽에서는 고급 유녀의 시중을 드는 새끼 유녀를 가리키는 말로 사용되었다. 에도 시대에 유곽의 가무로는 8~13세 되는 유녀 지망생으로서 성의 베테랑 밑에서 시중을 들면서 유곽의 풍습과 처세술을 익혔다. 말하자면 섹스의 도제라고 할 수 있겠다.

다유의 이름은 대대로 이어져 내려갔다. 제1대, 제2대 미스 유니버스 하는 식으로 명성을 떨친 다유의 이름이 그대로 후배들에게 습명되었다. 이하라 사이카쿠(井原西鶴, 1642~93)라는 작가가 일본 성애기술을 한차원 높인《호색일대남(好色一代男)》이라는 도색서를 세상에 내놓아 당시 에도의 종이값을 올려놓은 적이 있다.

거기에 보면 다카오(高尾)라는 당대 제일의 다유에 관한 기록이 나온 다. 어느 졸부가 2억 4천만 원의 현금을 싸들고 그녀를 찾아갔으나 5개월 동안은 이미 예약이 꽉 차서 헛물만 켜고 돌아왔다고 한다. 다카오라는 다유의 이름은 예술의 맥을 잇듯 1840년대까지 11대나 대물림되었다. 유녀로서 천하 제일을 지향했던 그 프로 정신은 직업의 귀천을 떠나서 일본의 직인에게서 흔히 발견되는 특징이다.

천문학적 화대를 밑에서부터 뒤흔든 것은 급격한 사창가의 번성이었 다. 값싸고 격식 없이 그리고 가정 요리를 서비스하는 사창가의 출현이 야말로 난봉꾼들에게 새로운 스타일의 도원경이었다.

요시와라에는 꽃이 피고 지듯 끊임없이 세대 교체가 이루어지고 있었 다. 매년 기백 명의 미녀를 공급하지 않으면 안 되었다. 방법이야 지금과 별반 다름없이 가난하고 못사는 집의 예쁘장한 아가씨를 유곽으로 팔아 넘기는 수법이었다. 제겐(女衒)이라고 하는 전문적인 인신 매매업자가 농촌을 누비고 다니며 처녀 사냥을 했지만 막부에서는 모른 척 해주었 다. 유녀를 필요악으로 간주했던 때문이었다. 사회계급 제도가 고정되어 있었기 때문에 결혼 못한 총각들이 적지 않았는데 이들 문제도 어느 정 도 해결되었고 한편으로는 부의 재분배 효과도 있었다. 예쁘고 재능 있 는 하층민의 아가씨가 하룻밤에 신데렐라가 될 수 있는 유일한 길이기도 했다.

이 같은 인신 매매 풍습은 불과 40년 전까지만 해도 사회의 고민거리로서 잔존했다. 1953년 11월 12일자 〈아사히신문〉은 흉작 지방 및 수해 지구에서 인신 매매가 늘어날 것을 우려하면서 이에 대한 각성을 촉구했다. 과거에는 동북 6현과 북해도 빈농 지대에 국한되었던 인신 매매가 최근에는 전국적인 양상이 되고 있다고 개탄하였다.

행상을 가장한 인신 매매단이 가가호호를 방문하여 나이 찬 처녀들에

"미안하지만 선약이 있어서…." 최상급의 유녀인 다유와 하룻밤 사랑의 성을 쌓기 위해서는 서너 차례의 헛걸음과 고가의 화대를 감수해야 하고, 매번 다유의 측근에게 용돈을 푸짐하게 안겨 줘야 했다.

게 도회지 생활에 대한 동경심을 잔뜩 불어넣은 다음 일시금으로 뭉칫돈을 꺼내 놓는다. 당사자도 가족을 위해 입이라도 하나 줄여 주는 것이 효도라는 생각과 함께 도회지에 대한 막연한 열망으로 그들을 따라나섰다. 부모들은 소를 팔기 전에 아무런 죄의식도 없이 나이 어린 딸들을 팔아

치웠다.

　인신 매매에 대한 철퇴가 1955년 10월 9일 내려졌다. 최고재판소는 빌린 돈은 변제하지 않으면 안 된다는 것은 상식이며 민법의 원칙이나, 인신 매매의 선수금은 이에 해당하지 않는다고 판결하여 근래에 드문 명판결이라는 평가를 받았다. 일본 매춘사에 있어 하나의 작은 혁명이었다.

　매춘굴의 단골로서 의외의 존재가 있었다. 에도 시대에는 승려에 대한 계율이 대단히 엄격하여 육식과 대처가 금지되었다. 매춘굴 출입이 발각되면 도쿄 큰 거리에서 사흘 동안 오가는 뭇사람들의 웃음거리가 되어야 했다. 그래도 비밀리에 화류계를 들락거리는 승려가 있었는데 그때는 의사로 변장했다. 당시 의사들은 중과 같은 민둥머리에다 칼을 차고 다녀 중들이 변장하기가 식은 죽 먹는 격이었다.

　약삭빠른 포주들은 아예 승려 전용 매춘업에 나서기도 하였고 남색을 주선해 주기도 하였다. 에도 시대에 중들이 별로 존경을 못 받았던 것으로 짐작케 하는 어휘가 '밋카보즈(三日坊主)'이다. 우리말의 작심삼일에 해당하는데 무엇이든지 오래 계속하지 못하는 사람을 중에게 빗대어 하는 말이다.

　요시와라에서 죽어 간 여자들은 '나게코미 데라'라는 절에 안치되었다고 한다. '던져 넣는 절'이란 뜻이다. 이곳에는 20만이 넘는 유녀들의 유골이 묻혀 있다고 한다. 유곽을 출입한 승려들의 자비심 때문인가. 요시와라 유녀들은 도를 지나치는 생활 패턴 때문인지 결핵환자가 유난히도 많았다고 한다. 특별한 항생제가 없던 시절이라 시름시름 앓다가 한

줌의 재로 스러져 갔다.

이른바 에도 시대의 황금기라고 할 수 있는 겐로쿠 시대(元祿時代, 1688~1703)에 에도 인구의 반 이상이 매독으로 고생했다는 기록도 있다. 에도 시대에 매독이 만연하여 저항력이 생긴 탓인지 일본인은 선천적으로 매독에 강하다고 한다. 요시와라 유녀들은 남자들과 관계를 갖기 앞서 남성을 쥐어짜 보고 농이 나오는지 또는 통증을 많이 느끼는지를 테스트했다.

성병 방지를 위해 약물을 적신 탈지면이나 거즈를 사용했고 그것도 없으면 창호지나 솜으로 대용하기도 했다. 이런 엉성한 조치 때문에 성병은 이들을 통해 안방까지 퍼지게 되었다. 성병에 한 번 걸렸다가 치유되면 다시는 안 걸린다는 속설 때문에 매독은 더욱 번지고 뿌리 깊어 갔다. 결핵, 성병 등으로 꽃잎처럼 지고 만 유녀가 적지 않았다.

꽃은 져도 봄이 되면 다시 피건만
이내 몸은 나이 드니 어이할 수 없구나.

화려한 요시와라의 뒤안길에는 '병들어 쓰라린 가슴을 부여안고 사랑마저 물리치고 외롭게 살아가야' 하는 '산장의 여인' 신세나 매한가지인 유녀들의 한숨 어린 노래도 끊이지 않았다.

일본의 꽃 게이샤

게이샤(藝者)는 국제화된 일본어의 대표 격이다. 양산을 든 기모노 차림의 게이샤 사진은 약방의 감초처럼 일본 관광 안내서의 명물로 예외 없이 등장한다. 게이샤는 일본의 인간 문화재적 존재로 평가된다.

게이샤는 향연에 초대받아 가무로써 흥을 돋워 주는 일종의 놀이꾼으로 출발했다. 처음에는 남자 게이샤도 있었으나 세월의 흐름과 더불어 자연히 사라지고 여자 게이샤만 남았다. 따라서 게이샤 하면 으레 여성 놀이꾼을 의미하게 되었다.

도쿄를 중심으로 한 관동 지방에서는 게이샤라 했고 오사카와 교토 지방에서는 게이코(藝子)라 불렀다. 일본사회에 게이샤가 공식적으로 선을 보인 것은 오랜 전란이 끝나고 평화 시대로 접어든 에도 시대부터였다. 1750년 전후에 전문적으로 훈련받은 게이샤가 무가의 연회나 유곽의 술자리에 드나들었다.

원래 게이샤는 12세기 말 시라뵤시(白拍子)라는 무용수로부터 비롯되었다고 한다. 시라뵤시는 주로 잔칫집에 불려 가 춤을 추면서 흥을 돋궜는데 어느 틈엔가 몸도 팔게 되어 매춘부의 또 다른 명칭으로도 사용되고 있다.

게이샤는 요시와라와 같은 유곽에 전속되기도 하고 더러는 개별적으로 밤무대를 찾아다녔다. 개인적으로 뛰는 게이샤는 거의 공공연히 매춘업을 겸하였으나 요시와라의 게이샤는 성을 전문적으로 파는 유녀와는 일선을 긋고 오로지 가무만으로 손님을 즐겁게 하였다. 전문적 게이샤는 5~6세부터 10년 정도 수련을 받아야 제대로 한몫을 할 수 있었다. 경쾌하고 재치 있는 대화로 벼락부자나 정치가들을 매료시키는 데 능수능란했다.

'악화가 양화를 구축한다.'는 그레셤의 법칙대로 10년간 제대로 수련을 쌓은 게이샤보다 돌팔이 게이샤가 시정 잡배들에게는 더 인기가 좋았다. 콧대 높은 게이샤는 손 한번 잡아 보기도 어려웠지만 독립채산형의 게이샤는 언제나 흔쾌히 옷을 훌훌 벗어제쳤다. 수입 면에서 이들이 정통파를 압도하게 되자 정통 게이샤들은 매춘부나 다름없는 게이샤 단속을 당국에 호소하였다. 당국에서는 사이비 게이샤를 색출하여 요시와라로 강제로 보내기도 하였지만 별로 효과가 없었다.

요시와라에서는 게이샤와 유녀의 영역이 분명하여 상호간의 역할 분담이 철저하게 되어 있었다. 논다니들도 주석에서 술이 도도하게 취한 손님이 노래나 춤을 시키면 못 이기는 체하고 응했지만, 그야말로 프라이드를 먹고사는 정통파 게이샤들은 손님의 육체적 요구에 절대 응하지 않았다. 게이샤 자신도 예능인으로서의 긍지를 중히 여겼고 그들을 바라

교토의 한 정원에서 다도를 즐기는 게이샤. 이들 정통파 게이샤들은 인간 문화재적 존재로 평가되고, 뛰어난 미모에 예절과 교양을 갖추고 있으며 예능인으로서의 긍지를 스스로 소중히 여겼다.

보는 남자들도 '기특하군.' 하는 뜻으로 고개를 끄덕거려 알아주는 체하였다.

유곽에서는 정통 게이샤들에 대해서는 명부를 별도로 만들어 특별관리하였다. 유곽의 주인이나 그 하수인들은 게이샤를 미덥지 않게 여겨 그들의 행동거지를, 특히 매춘 행위에 대해서는 잠시도 감시의 시선을 떼지 않았다. 외출할 때는 2인 1조로, 연회에 참석할 때는 세 사람이 한 조가 되어 서로를 감시했다. 만약 매춘 행위를 하다가 발각되는 경우에는 가차 없이 발가벗긴 채로 내쫓겼다. 이와 같은 엄격한 감시와 통제가 인간 문화재적 게이샤를 배출하게 되었고 요시와라의 명성을 존속시켰던 것이다.

게이샤들은 돈 많은 한량의 목표물이었다. 시정의 부인네들보다 뛰어난 미모, 예와 교양을 갖춘데다가 더욱이 열 번 찍어도 꿈쩍도 않을 듯한 그 오만스러운 자태에 남정네들은 도전 의욕을 품지 않을 수 없었다. 게이샤들은 격이 높을수록 엷은 화장을 했다. '립스틱 짙게 칠하는' 것은 일본 남성들에게는 매력이 되지 못한다. 바른 듯 만 듯한 입술 연지에다 작고 다소곳하며 조심스럽고 소극적인 입술 모습에 일본 남성들은 편안함을 느끼고 마음이 동한다고 한다. 싸구려 매춘부일수록 화장이 진했다.

에도의 요시와라에 필적하는 교토의 유곽으로는 기온(祇園)이 널리 알려져 있다. 기온의 게이샤들은 도쿄와는 달리 시쳇말로 기둥서방을 한 사람씩 두었다. 머리를 얹어 주는 기둥서방과의 사이에 아이가 생겨도 친자 인지를 요구해서는 안 된다. 딸은 게이샤로 키우고 사내아이는 유곽에서 샤미센을 날라 주는 일꾼으로 살아가도록 한다. 기둥서방의 본마누라가 죽을 경우라도 그 자리를 욕심내서도 안 된다.

반면에 기둥서방은 그 게이샤의 뒤를 재정적으로 끝까지 돌보아 줘야 한다. 만일 그 게이샤를 버리면 화류계의 룰을 어긴 무라하치부(村八分)로 치부되어 따돌림을 받아 기온 출입이 불가능해진다. 기온의 출입 금지는 명사들의 사교 클럽으로부터의 불명예스러운 제명과 다름없었으며 사업의 파산을 의미했다. 왜냐하면 당시의 기온 유곽은 단순한 인육시장이 아니라 주요 거래가 이루어지고 정보가 교환되는 밤의 일터였기 때문이다.

일본인뿐만 아니라 서양인도 기온의 게이샤에 반했다. 1902년 세계일주 여행 중에 교토의 기온에 들렀던 미국의 백만장자 조지 모건은 14세의 게이샤 유키에게 홀딱 빠져 지금 돈으로 거금 20억 원의 몸값을 치르고 요코하마에서 결혼식을 올렸다.

　당시 미국의 일본 이민 배척 문제로 인해 미국에 대한 일본의 감정이 극도로 악화되어 있던 때라 이들의 결혼은 축복은커녕 유키는 '매국녀'라는 돌팔매질을 받고 신랑과 함께 쫓기듯이 미국으로 건너가 버렸다.

　미국에서도 사정은 마찬가지였다. 미상류사회의 사교계에서는 유키가 천한 게이샤 출신이라 해서 경멸했다. 그야말로 개밥의 도토리 신세였다. 견디다 못해 이들은 파리로 건너가서야 꿈 같은 생활을 할 수 있었으나, 1915년 모건이 급사하고 말았다. 1935년 유키는 외롭고 쓸쓸

에도의 요시와라에 필적하는 교토의 유곽지대인 기온(祇園)의 게이샤들.

한 외국생활을 청산하고 귀국하여 조용한 여생을 보냈다고 한다.

1860년대 말 메이지 유신과 더불어 유곽에도 새로운 바람이 불었다. 바야흐로 요정의 정치, 성(性)의 정치가 시작된 것이다. 메이지 유신의 승리자들은 "영웅은 색을 좋아한다."고 기세 좋게 떠들면서 게이샤와 더불어 놀아나더니 나중에는 "배꼽 아래에는 인격이 없다!"라고 히히덕거리면서 성의 환락에 빠져들었다.

정부 고관 중에서 색을 밝히기로는 이토 히로부미(伊藤博文)가 단연 유명했다. 1887년 46세의 이토 수상은 스스로가 털어놓기를 돈도, 좋은 집도 다 필요 없고 틈날 때 게이샤와 노닥거리는 재미가 최고라고 했다. 이토는 5자 3촌의 작은 키였지만 정력이 절륜했다고 한다.

메이지 유신 정부의 새로운 지배 세력으로 부상한 고관들은 미모와 교양을 갖춘 게이샤를 경쟁적으로 첩으로 들어앉히고 더러는 정실로도 삼았다. 이토 수상도 예외는 아니었다. 시모노세키 출신의 우메코(梅子)라는 게이샤를 부인으로 맞아들였다. 가난하고 재능 있는, 몰락한 양갓집 규수들이 화류계를 거쳐 다시 상류사회로 진입한 예는 수두룩하다. 메이지 시대의 요정은 재색을 겸비한 게이샤가 일약 신분 상승을 꾀할 수 있는 도약대였다.

패전 직후까지도 정치가들의 호색은 별로 탓하지 않는 사회적 분위기였다. 일본 민주당 결성에 중요한 역할을 한 보수 정객인 미키 부키치(三木武吉, 1884~1956)는 첩이 셋이나 있다는 비난을 받으면서 선거에 출마했다. 기자들이 이를 꼬집자, 그는 태연히 "셋이 아니라 다섯이오. 그들은 불쌍한 여자들이라 내가 부양하지 않으면 안 되오."라고 일갈했다. 물론 그는 당선되었다.

요즈음 같으면 어림도 없는 일이다. 1989년 여름, 우노 소스케(宇野宗佑) 총리가 일본 정치 사상 처음으로 여성 스캔들에 의해 물러나는 이변이 생겼다. 정치인들의 사랑 놀음은 정치부 기자들도 눈감아 주던 시절이 다 끝난 것을 의미했다.

우노 총리가 처신 사납게 된 것은 게이샤와 로맨틱한 관계를 맺었다는 사실보다는 끝마무리가 시원치 않았던 이유라고 한다. 40세의 미쓰코라는 게이샤와 5개월쯤 정분을 나누어 오다가 고작 2만 달러 정도를 주고 사요나라를 했다는 것이 당시 신문 보도 내용이다.

아카사카 요정에서 들은 바로는 양쪽 다 문제가 있다는 지적이었다. 그들은 입을 모아 미쓰코라는 여자는 게이샤의 '게'에도 못 미치는 저질이며, 또한 우노 총리는 헤어지는 방법이 서툴렀고 인격적인 교감을 나누지 못했다고 비난했다. 아카사카의 게이샤들이라면 절대로 그렇지 않았을 것이라고 힘주어 말하던 나이 먹은 게이샤의 웅변이 인상적이었다.

게이샤는 이제 천연기념물과 같이 드문 존재가 되었다. 더욱이 젊은 게이샤는 구경하기조차 힘들다. 대부분 50줄이 지난 할미꽃들이 일본 게이샤의 맥을 간신히 이어 나가고 있다.

사랑의 극치, 신주

전통적 일본사회에서는 여염집 여인과 외간 남자 사이의 사랑은 존재할 수도 없었으며 혹 있기라도 하면 보따리를 싸서 사랑의 도피 행각을 하거나 정사(情死)로 끝을 내야 했다.

외간 남자와의 사랑이 가능했던 유일한 상대는 유녀였고, 특히 에도 시대에 있어서는 요시와라의 밤꽃이 단연 인기였다. 당시에는 우리나라와 마찬가지로 당사자 간의 인격적인 만남이 아니라 인연이라고 부르는 애매모호한 팔자에 따른 결합이 대부분이었다. 마음에 들든 안 들든 살을 섞고 살아야 하는 운명이려니, 반쯤은 체념 상태에서 이루어진 공동생활이었다.

그에 비하면 요시와라에서 이루어진 사랑은 자기 결단에 의한 만남이었다. 우연이 아니고 인격적인 사귐이었기에 일단 빠져들면 죽음도 불사하게 된다. 그러나 요시와라의 여인들은 어떤 남자에게 호감을 가질 수는 있으나 연애는 거부해야 하는 사랑의 불모지에 살고 있었다. 우리 옛 기방에서는 기녀는 "후추 쓰듯 정을 아껴 주라."는 엄격한 교훈이 있었는데, 이는 손님에게 정을 주지 말라는 처세훈이었다.

유곽에서 손님과 유녀의 바람직한 인간 관계를 나타내는 말을, 일본 사람들은 이키(粹)라고 했다. 이키 그 자체의 의미는 몸가짐이 세련되고 운치와 매력이 있다는 것이다. 단순히 행동거지나 옷맵시가 촌티를 벗었다는 뜻이 아니라 자신의 분수를 알고 그에 맞게 처신할 수 있는 정신적 성숙을 나타낸다. 손님과 유녀 사이에는 자존심과 체념을 바탕으로 긴장된 관계를 유지하면서 색(色)을 추구해야 한다는 자못 철학적인 해석을 붙이고 있다.

하기야 공자도 일찍이 여자란 가까이하면 기어오르고 멀리하면 원망한다고 갈파한 바 있다. 유녀의 자존심과 체념이 있기 때문에 유곽에서 만난 남녀 관계는 사회적 틀을 지켜 가면서 비극으로 끝나기 쉬운 연애 감정을 아슬아슬하게 피해 나갈 수 있다. 유곽에서 한 남자와 색정에 빠진 여자는 그 대열에서 낙오될 수밖에 없다.

유녀는 지갑이 두툼한 사내들에겐 신분을 가리지 않고 육체의 문을 열어야 하는 가련한 신세이다. 그러나 사랑만은 않겠다고 다짐하면서도 속절없이 사랑의 포로가 되는 경우가 있게 마련이다. 유녀의 사랑은 슬프게도, 아무리 발버둥쳐도 이루어질 수 없는 것이고 그 종착역은 정사(情死)로 이어지게끔 되어 있다. 유곽의 사랑은 죽음을 향한 비장한 긴장 상태이고 고통과 환희에 찬 꿈길이며 운명을 거역한 도전이었다.

그대와 함께 잘까, 5천 석을 취할까.

5천 석이 다 뭐냐, 그대와 사랑을

1750년대의 에도 화류계에 유행했던 슬픈 연가이다. 쇼군(將軍) 직속 무사가 유녀와 함께 정사하기 직전에 남긴 노래는 요시와라 여인들의 심금을 울렸다.

한국이나 중국에서는 사랑하는 남녀가 가슴 아픈 사연으로 함께 자살하는 것을 정사(情死)라고 하는데, 일본 사람들은 신주(心中)라고 했다. 이성 간의 동반자살뿐만 아니라 동성끼리 또는 사업에 실패한 일가족 신주도 있다.

유곽에서의 신주 형태는 처음에는 손톱을 벗기거나 상대방의 팔뚝에 자기 이름을 적어 넣는 문신을 행하거나 아니면 머리털을 자르는 식이었다. 신주의 상징으로 벗긴 손톱과 머리털을 보관하는 신주 상자라는 묘한 물건도 있었다.

우리나라에도 배비장 타령이란 민요가 있다. 옛날 배비장이라는 사람이 평양 감사의 비장으로 근무하던 때 어느 기생과 사랑에 빠졌다가 서울로 돌아오게 되었다. 이별을 앞둔 기생이 사랑의 징표로 분신 하나를 달라는 청을 하자 배비장은 이빨을 하나 빼주면서 평생 서로 잊지 않기를 당부했다. 그러나 얼마 안 가서 그 기생이 다른 남자와 놀아나고 있다는 소문에 화가 치민 비장은 사람을 시켜 당장 이를 찾아오라고 했다. 사람이 가니 그 기생은 얼굴색 하나 변치 않고 한 됫박이나 되는 이빨을 내놓으면서 "마음대로 골라 가져가라."고 했다고 한다.

남녀 간의 정사를 뜻하는 신주(心中)는 단 하나뿐인 목숨을 사랑의 제단에 바치는 것, 즉 이 승에서 이룰 수 없는 비극적 사랑을 죽음으로 완성시키려는 처절한 사랑의 행위이다.

배비장의 이야기를 들은 어느 일본인은 한국 여성의 강한 성격이 그대로 나타나 있는 경우라고 하면서, 일본 여성 같으면 상대의 머리털을 요구했을 것이고 이름과 직위별로 구분하여 표찰을 붙여 놓았을 것이라고 진지하게 말했다.

손가락을 자르고 머리를 삭발하는 신주 행위는 얄팍한 상혼이 엿보일 뿐 사랑의 극치나 사랑의 완성과는 거리가 멀다. 단 하나뿐인 목숨을 사랑의 제단에 바치는 것, 이승에서 이루어질 수 없는 사랑을 완성시키려는 처절한 사랑의 행위가 목숨을 불태운 신주이다. 사랑의 승화라고 했다. 죽을 때 죽지 않으면 죽음보다 더 큰 수치가 따른다는 것이 일본의 자살관이기도 하다.

요시와라 유녀들이 하나 둘 신주를 시도하기 시작하자 어느 틈엔가 시정의 남녀들에게까지 신주가 무섭게 번졌다. 일본 근세 문학의 황금 시대를 연 것으로 평가되는 지카마쓰 몬자에몬(近松門左衛門, 1653~1724)이라는 작가가 정사를 소재로 한 가부키 대본을 써서 극화한 것이 계기가 되어 정사가 일종의 유행병처럼 번졌다. 지카마쓰는 《소네자키 신주(曾根崎心中)》라는 작품을 통해서 신주를 사랑의 진실을 죽음으로 승화시킨 순애보로 미화했다.

《신주다이칸(心中大鑑)》이라는 책이 발간될 정도로 정사가 번지자 막부에서는 1722년 2월부터 이를 금지하기에 이르렀다. 신주라는 말 자체를 없애 버리려고 했다. 신주의 한자 즉, 심(心)과 중(中)을 거꾸로 합성하면, 막부가 제일의 덕목으로 치는 충(忠)이 된다 해서 정사를 상대사(相對死)로 고쳐 부르도록 했다. 지극히 관료적인 사고방식의 일면을 보여 주는 것이지만 "말이 씨가 된다."는 것을 믿는 사람들이라는 점을 생각하면 이해가 안 가는 바도 아니다.

당국에서는 정사를 미화하는 문학 작품의 간행이나 연극 공연을 일체 금지시켰다. 정사 미수로 끝난 자는 천민으로 전락시키고 정사한 남녀의 사체는 벌거숭이 그대로 대로에 방치하여 두어 웃음거리로 삼았다. 무사가 신주의 장본인일 때는 가록을 몰수하기까지 하였다.

사랑을 하면 장님이 된다고 하지 않는가. 두 젊은 장님이 어울렸는데, 당국의 경고가 무슨 소용이 있겠는가. 신주는 계속 늘어나기만 했다. 요

유곽에서의 신주 형태는 처음에는 손톱을 벗기거나 상대방의 팔뚝에 자기 이름을 적어 넣는 문신을 행하거나 아니면 자신의 머리칼을 자르는 식으로 자신의 진심을 나타냈다.

시와라에서는 고급 유녀보다는 주로 하급 유녀들이 정사하는 경우가 많았다. 유녀의 사랑의 길, 이키에 철저할 수 없었던 정에 약한 소녀가 많았던 탓일 것이다. 정사한 시체는 제대로 묻히지도 못했다. 도쿄의 유명한 유곽 지대의 하나인 신주쿠에는 강 상류에서 정사한 사람의 시체가 떠내

려 오면 이를 수습하여 가마니에 싸 구덩이에 던져 넣었다는 절이 있었
다고 한다.

베개를 나란히 하고 나누던 밀어
잊지 마세요 저 세상에서도

죽음을 앞둔 유녀의 시가이다. 사랑은 시간을 잊게 해주지만, 시간은
사랑을 잊게 해주는데 이승에서 저승으로 이어지는 거센 세월의 강물에
도 베갯머리 사랑이 표백되지 않는다는 보장이 없지만 답답해서 부른 노
래일 터이다. 지금도 정사를 남녀 간 애정의 최고 표현으로 여기는 문학
작품이 꽤나 공명을 받고 있다.

일본인의 연애관은 완전한 합일이나 완전한 연소를 지향하기보다는 일
정한 긴장 속에서 가능성을 추구한다. 긴장과 가능성에다 이성의 아름다
운 자태와 성적 매력을 결부시키면 색(色)이 발생한다는 것이다.

유녀와의 사랑은 일정한 거리와 긴장 관계를 넘어 버린 위험한 불꽃이
기에 비극으로 치닫게 된다. 색도의 프로가 연애의 아마추어의 길을 택
하면 결국은 단 하나뿐인 목숨으로 사랑의 불꽃을 지피고 연소해 버려야
한다.

사랑이란 원래 불가능에의 도전이고 죽음을 지향하는 열정이다. 이룰
수 없는 사랑을 마음속으로 이루는 것을 플라토닉 러브라고 한다면, 한
걸음 더 나아가 그 사랑에 충실하려는 극치를 신주로 믿는 한 슬픈 사랑
의 구도자들은 언제 어디서나 있게 마련일 것이다.

태초에 성(性)이 있었다

일본인의 성(性)의식은, 8세기 초에 기록된 일본 최고의 문헌《고사기》의 국토 생성 신화에 상징적으로 나타나 있다. 이자나기(伊耶那岐)와 이자나미(伊耶那美)라는 신이 바닷물을 휘저어 하나의 섬을 만들고 지상으로 내려왔다. 남신 이자나기가 여신 이자나미에게 몸의 생김새를 묻자 이자나미는 한 곳이 아직 이루어지지 않았다 하였고 남신은 자신은 한 곳이 남는다고 했다. 남신의 나머지 부분과 여신의 부족분을 합해서 나라를 만들자고 의기투합한 결과 오늘의 일본 열도가 생겼다는 신화이다.

과대망상적인 국수주의자들이 거들먹거리면서 일본이 신국(神國)이라고 주장하는 것도 이 신화에서 출발한 것으로 보인다. 이자나기와 이자나미는 남매 관계로 추정되는데 일본의 근친혼이 이 신화에서 시작된 것이 아닌가 하는 생각이 든다.

일본의 국토가 신들의 성적 결합에 의해 생성되었다고 하는 신화는 성행위를 음습하고 칙칙한 것이 아닌, 새로운 생명을 잉태하기 위한 생산적 행위로 보는 점을 드러내고 있다. 생산력으로서 성을 신성시하고 인간의 근원적인 것으로서 중요시한 면모가 보인다. 이 신화가 바로 일본 성문화의 원형(archetype)으로서 인간과 신의 합일을 보여 주는 예다. 일본인은 옛날 신 앞에서 성적 결합을 하였으며 이를 지켜보는 신도 기분이 좋아져 오곡을 풍성하게 하고 일가의 번영을 가져다 준다고 믿은 것 같다. 조금이라도 신에게 가까이 가기 위해서 이들은 신전에서 술을 마시기도 하고 성의 교접을 가졌던 것이다.

역시 《고사기》에 나오는 아메노이와토(天岩戸)라는 동굴 신화에도 신과 섹스 관계가 적나라하게 표현되어 있다. 태양의 여신 아마테라스 오미카미(天照大神)가 화가 나서 천상에 있다는 암굴의 문, 아메노이와토 속으로 들어가 버렸다. 태양의 신이 심통이 나서 굴속에 틀어박혀 꼼짝도 않으면 세상은 암흑으로 변하여 풍년은커녕 굶어 죽게 된다.

많은 조무래기 신들이 모여 태양의 신을 끌어내기 위해 마쓰리라고 하는 푸닥거리를 벌였다. 한 여신이 유방과 하반신을 드러내 놓고 선정적인 춤을 추자 옆에서 이를 지켜본 뭇신들이 하하하, 하하하 크게 웃어제쳤다. 이때 골이 나 있던 태양의 신이 무슨 일인가 하고 슬그머니 암굴 속에서 얼굴을 내밀게 되었다.

1958년 6월부터 1961년 12월까지 호황이 계속되어 명목 평균 성장률이 12.8%를 기록한 것을 이와토(岩戸) 경기라고 했다. 불황의 동굴에서 벗어났다는 안도감의 표현이었다.

이 신화에서는 신, 섹스 그리고 웃음이 잘 어우러져 있음을 알게 된다. 성기의 주술력이 웃음의 마력과 합쳐질 때 복을 손짓하고 힘이 생긴다는

일본의 성의식을 나타내는 마쓰리(祭). 혼백을 모시는 가마를 여러 사람이 메고 힘차게 흔드는 모습은 성행위의 의태적인 동작이다. 지금도 지방에 따라 남근 상징물을 들고 성행위를 흉내내는 제례가 많다.

속신이 나타나 있다. 다른 한편으로는 일본인의 특징의 하나인 호기심에 대한 태도가 엿보인다. 소돔과 고모라가 멸망할 때 뒤를 돌아보지 말라는 계율을 어긴 롯의 아내는 소금기둥이 되었다고 창세기 19장에 기록되어 있다. 호기심으로 망한 케이스이다.

그리스 신화에서도 여자의 호기심이 재앙의 원천이 되고 있다. 인류 최초의 여자 판도라가 남편 에피메테우스의 집에 있는 한 상자를 호기심에 못 이겨 열었더니 인간의 온갖 불행이 쏟아져 나왔다고 한다. 그러나 일본의 신화에서는 여신의 호기심이 오히려 이 세상에 빛과 행복을 가져다 주었는데 이는 호기심이 곧 배움의 시작이라는 일본 사고의 원형을 나타내 주고 있다고 하겠다.

우리나라와 마찬가지로 일본에도 화장실 벽에 낙서하는 짓궂은 버릇이 있었다. 요즈음에는 낙서를 할래도 화장실 벽이 너무 반지르르하여 할 수도 없다. 낙서의 대부분은 남녀 성기를 그리고 몇 마디 긁적거려 놓은 것이다.

옛날 측간은 마당 한 켠에 멀리 떨어져 있어 특히, 엄동설한에 한밤중의 화장실 나들이는 위험스럽고 고역스러웠다. 하반신을 노출하고 볼일을 보아야 하는 고역에 감기들기 십상이었다. 일본에서는 요강이 일반화되지 않은 것 같다.

이와 같이 위험하고 다치기 쉬운 곳에 일종의 부적 표시로서, 일본에서는 화장실에 일부러 성의 상징을 그려 놓기 시작했다. 마귀를 쫓는 주술력이 성기에 있다고 믿었기 때문이다.

KGB 서슬이 아직 퍼렇게 살아 있던 때, 나는 모스크바 대학의 화장실을 전전하며 낙서를 채집한 적이 있다. 지식인들의 여과 없는 소리를 들어 보겠다는 욕심에서였다.

결론부터 말하면 실망스러웠다. 남녀 성기, 국가원수 부부의 행위 그리고 아무개 정치가는 유태계라는 내용 정도가 전부였다. 시내 공중변소에서도 낙서를 찾아보려 하였지만 변기 깔개를 누군가 뜯어가 버려 앉을 수도 없어 포기하고 말았다.

일본에서는 봉건 시대에 무라하치부(村八分)라는 제재가 있었다. 마을의 법도를 어기거나 부당한 행위를 한 사람을 마을 사람들이 의논하여 따돌리는 징벌이다. 쉽게 말하면 화재나 장례식 이외에는 일체 왕래를 끊고 상대를 안해 줌으로써 스스로 소외감을 느끼게 하는 형벌 아닌 형벌이었다. 폐쇄적인 농경사회에서 이를 당하면 우선 그 사람은 마을에서 살 수가 없게 되어 마을을 떠나거나 사죄하여 용서를 받는 수밖에 다른 도리가 없다.

어느 정도 시간이 지난 다음에 어쩔 수 없이 용서를 하는 경우에는 동네 사람들이 한데 모여 법도를 어긴 사람을 둘러싸고 큰소리로 웃어 준다. 하하 하하 소리내어 웃으면 부끄러운 짓을 하게 한 악령이 그 사람으로부터 떠나가고 마침내는 제정신이 든다는 것이다. 웃음에 악귀를 쫓는 신통력이 있다고 믿은 것이다.

일본인은 마쓰리(祭) 민족이라고 할 만큼 마쓰리가 일반화되어 있다. 마쓰리에서도 성과 웃음을 연출한다. 정상적이고 건강한 성생활이 인간에게 활기를 주듯, 웃음도 활력 있는 생활을 영위하기 위해 빼놓을 수 없는 중요한 요소로 여긴다. 웃음은 섹스와 동격으로 여겨진다. 웃으면 복이 온다는 속설과 일맥상통한다.

마쓰리는 사실 성과 관계가 깊다. 일본 고어에서는 성행위 자체를 마쓰리로 비유하는 경우가 있다. 마쓰리 행사 때, 혼백을 모시는 가마를 여러 사람들이 메고 힘차게 흔드는 모습은 성행위의 의태적인 동작이다. 지금도 지방에 따라 마쓰리 때 남근 상징물을 들고 성행위를 흉내내는 제례가 많다.

옛날에는 남자는 훈도시를, 여자는 속내의를 들고 마쓰리에서 춤을 추면서 서로 맞댐으로써 교접을 암시하였다. 아스카 지방에서 음력 정월 열하룻날 열리는 축제인 온다마쓰리(御田祭) 때 가면을 쓴 남녀가 관중이 보는 앞에서 섹스 행위를 리얼하게 연기하며 일종의 풍년 기원제를 드린다.

에도 시대에 신사나 절 부근에는 거의 예외 없이 홍등가가 자리잡고 있었다. 신사에 참배하러 온 남자들은 그야말로 임도 보고 뽕도 따는 식으로 창녀들과 하룻밤을 보내고 이튿날에는 두 손 모아 신에게 기원을 했다. 유녀들은 신사에서 제례가 있으면 빠지지 않고 참석했다. 신토(神道) 자체가 성을 터부시하지 않았고 기쁨이나 축복으로 보았다. 신과 성을 직결하는 의식은 일본인의 특색 중의 하나라고 하겠다.

재미있는 것은 일본 최초의 신은 여신이었고, 신을 '가미'라고 하는데 어머니의 호칭을 '가미' 상이라고 하는 점이다. 일본 모계 사회의 흔적으로 볼 수도 있고 생산력을 뜻하는 신비의 대상으로서 신과 어머니를 동렬에 둔 것인지도 모르겠다.

일본 여성들은 자기 남편을 남에게 지칭할 때 슈진(主人)이라고 한다. 아내들이 남편을, 종이 주인 받들 듯이 섬기는 자세가 전부인 양 보이지만 사실상의 실력은 아내가 발휘한다. 남편을 의미하는 주인(主人)의 발음을 길게 하면 슈-진, 즉 수인(囚人)이 된다. 아내라는 울타리 안에 갇혀 사는 신세와 다를 바 없는 것이 되니 주인이란 말은 빛 좋은 개살구에 지나지 않는다. 일본의 아내들은 남편을 주인으로 만들기도 하고 노예로도 만들 수 있는 요술쟁이인가.

일본의 성의식은 신과 연결되어 있는 생산적 행위로서 오늘날의 성 상품화와는 거리가 멀어도 한참 먼 것이었다. 일본 여성은 성의 주체로서 다부지고 개방적이다. 이 같은 측면은 일본 신화 자체에 여신이 군림하고 있는 것만 보아도 알 수 있다. 일본 열도에는 태초에 말씀이 아니라 성(性)이 있었다.

일본의 남색

남색(男色) 또는 호모는 그리스나 일본에 있어서 다 같이 사춘기를 지나 성적으로 어느 정도 성숙한 소년에 대한 동성애가 중심이었다. 그리스에서는 남색을 파이데라스티아(paiderastia)라고 하는데 파이스(pais, 소년)와 에란(eran, 사랑하다)의 합성어로서 소년에 대한 정신적, 육체적 탐닉을 가리킨다.

남색에 대한 역사는 인류의 역사만큼이나 오래된 것으로 기록되고 있다. 그리스의 철인 플라톤이 남색 찬미론자였다는 사실이 유별난 화젯거리가 안 될 정도로 널리 알려진 일이다. 소크라테스는 항상 청소년들에게 둘러싸여 있었으며 알키비아데스(Alchibiades)라는 미소년과의 사랑 이야기는 유명하다. 그리스의 소년애는 소년과의 향락에서 끝나는 것이 아니라 그 소년이 가지고 있는 정신의 가능성을 사랑한다는 것이었다.

일본에 있어서의 남색에 관한 기록은 8세기 중엽의 《만엽집(萬葉集)》이라는 시가집에 나온다고 하니 남색의 역사는 최소한 천년 이상은 되는 셈이다. 조선 지식인들이 일본을 한사코 경원시하고 상종하지 않으려 했던 배경에는 일본인의 문란해 보이는 성 풍습이 있었다. 특히, 혼욕과 남색 취향의 풍습에는 입을 다물지 못한 채 일본인을 저속한 부류로 단정 짓고 말았다.

1420년 조선 세종의 명령에 따라 무로마치 제4대 쇼군 아시카가 요시모치(足利義持, 1386~1428)에게 파견된 강희맹은 《노송당 일본행록》이라는 일본 견문록을 남겼다. 그의 기록을 보면 강희맹은 2개월 정도 교토에 머물면서 막부와 교섭도 하고 승려, 학자들과 교류를 했다. 이 같은 과정에서 그가 가장 놀랐던 것은 다름 아닌 일본 조야에 널리 퍼져 있는 남색 풍습이었다.

스무 살이 채 못된 소년이 눈썹을 밀어 버린 얼굴에 주홍빛 화장을 하고 쇼군 주위에서 시중을 들고 있는 것을 목격하였다. 쇼군의 남색 취향에 영향을 받아 다이묘들도 소년들과의 성애에 빠져들었고 여자와의 잠자리를 기피하지 않으면서도 남색을 밝혔다.

1719년 조선통신사의 일원으로 일본을 방문한 신유한(申維翰, 1681~?) 제술관도 역시 그의 일본 방문기인 《해유록(海遊錄)》에 일본의 남색 풍습에 놀라움을 금치 못했다고 적고 있다. 특히, 신유한이 남색 풍습을 비난하자 에도 시대 일본 제일의 조선통이며 근엄한 유학자인 아메노모리 호슈(雨森芳洲)는 "선생은 아직 그 재미를 모르십니까?"라고 반문하여 묻는 이를 아연케 했다고 한다.

일본 최초로 통일정권 수립의 야망에 불탔던 오다 노부나가(織田信長, 1534~82)는 용모 수려하고 재기가 넘친 모리 란마루(森蘭丸, 1565~82)

라는 소년을 총애하여 6만 석의 영지를 주었다. 도쿠가와 시대에 천황이 10만 석의 영지를 소유했던 사실을 고려해 보면 6만 석은 파격적인 대우였다. 그만큼 란마루 소년에 대한 노부나가의 애정이 유별났던 것이다. 결국 란마루는 노부나가가 가신의 반역에 의해 혼노지(本能寺)에서 피살되었을 때 주군과 함께 죽음을 택했다. '지상에서 영원으로' 이어진 동성애였다고 할까.

전쟁터를 전전해야 하는 무사들에게 있어 동성애는 단순한 성도착증이 아니라 심신을 하나로 합일시키는 진정한 전우애의 표현으로 간주되었다. 사실 주종 간에 있어 지고의 충성은 사모하는 마음이 뒷받침되어야 하는 것인지도 모른다. 사모하는 마음속에 죽음을 초월하는 충성심이 잉태된다.

간밤에 울던 여흘 슬피 우러 지내여다
이제야 생각하니 님이 우러 보내도다
져물이 거스리 흐르고져 나도 우러녜리라

세조 때 생육신(生六臣)의 한 사람인 원호(元昊)가 유배 간 단종을 그리는 노래이다. '님'은 말할 것도 없이 단종을 지칭한다. 이와 같이 사모함(戀)과 충(忠)은 밀접한 관계에 있으며 전국 시대 주종 간의 동성애도 이와 같은 측면이 있었을 것으로 보인다.

원래 남색은 일본에서는 절에서부터 비롯되었다고 한다. 불교에서는 인간의 욕망을 모두 천하고 더러운 것으로 간주하였으며, 특히 여자와 자

용모 수려하고 재기가 넘치는 미소년과 그를 총애하는 쇼군의 관계는 또 다른 동성애의 표현
인가. 눈썹을 밀어 버린 얼굴에 주홍빛 화장을 한 소년이 쇼군의 시중을 들고 있다.

는 것을 사음(邪淫)이라 하여 계율로서 엄격하게 금했다. 여자와의 접촉
이 엄격히 금지된 승려들 간에 남색은 그야말로 성(性)의 숨통으로서 자
연스럽게 퍼지기 시작하였다. 우리나라에서도 비역, 계간, 대식 등으로
불렸던 남색은 승방에서부터 비롯되었다는 기록이 있다.

불교에서는 남색은 슈도(衆道)로 통했다. 슈도란 중생, 즉 대중이란 의미로 불문에 들어가지 않은 속인을 지칭했는데 외설스러운 의미로 변했다. 남색에다 도(道)를 붙여 쓰는 저들의 언어적 관습은 오늘날의 일본의 성 행태와 관련시켜 보아도 많은 점을 시사해 준다.

기록을 하지 않고는 못 배기는 일본인의 특징은 《남색도감》으로 나타났다. 이하라 사이카쿠(井原西鶴, 1642~93)는, 요즈음으로 말하면 포르노 작가로서 《남색도감》 이외에도 《호색일대남》, 《호색일대녀》, 《호색 5인녀》 등을 저술하여 그 분야에서 일가를 이루었다.

일본어로 더 말할 나위 없이 훌륭하다는 것을 릿빠(立派)라 하는데, 이는 글자 그대로 어떤 분야에서 자기 나름대로 하나의 파(派)를 이루었음을 말한다. 일본인은 성공의 척도로서 어떤 분야에서 대가가 되는 것을 지향한다는 것을 알 수 있다. 여하튼 이하라는 일본 근대 문학사에 있어 사실문학과 일맥상통한다는 점에서 평가를 받고 있다. 1970년대의 《본조 남색고》, 《증보판 남색연극사》라는 저작물은 일본의 남색 연구의 맥이 아직도 이어지고 있음을 보여 주는 실례이다.

남색의 상대가 되는 미소년을 치고(稚兒)라고 했는데 이들은 신사나 절간에서 잔심부름도 하고 축제 때 분위기를 돋구는 역을 맡았다. 치고는 절간 어른의 총애를 받으면서 수련을 받기 때문에 자연히 출세가 빨랐다. 이런 의미에서 보면 치고는 출세의 지름길이었다. 이 시대에는 남성 간에 동성 연애를 하다가 정사를 하는 경우도 있고 상대방이 죽으면 자살하기도 했다고 한다. 사랑은 남녀를 불문하고 눈먼 정열인가.

일본의 전통적인 민중 연극의 하나인 가부키(歌舞伎)는 처음에는 여자 배우들이 주연을 맡았으나 이들이 얼굴 값을 하느라 옆길로 새자 당국에서 가부키 공연을 금지하기에 이르렀다. 민중의 예술적 욕구와 극단주들의 로비가 막부를 움직여 가부키 공연 허가를 받게 되었으나 여자 배우는 제외한다는 조건이었다.

이가 없으면 잇몸으로 산다던가, 여배우는 여장을 한 미소년 배우로 대치되었다. 남색 전통이 오랜 무가 사회에서는 여장을 한 배우를 둘러싸고 칼부림이 빈번하였다. 에도 막부에서는 배우의 남색에 대해 여러 차례 경고했으나 구두선(口頭禪)으로 그치고 말았다.

남색에 대한 별명으로서 와카슈(若衆), 도비코(飛子), 가게마(陰間), 게이캉(鷄姦), 부타이코(舞台子) 등이 사용되었다. 중국이나 우리나라에서도 계간은 사용되고 있다.

제2차 대전 후 일본에서는 귀환병과 점령군에 의해 남색이 다시 살아났다. 패전 직후의 참혹한 경제적 여건하에서 육체가 돈이 된다는 육체 자본주의를 터득한 것은 여자들뿐만이 아니었다. 소년들도 마찬가지였다. 눈이 파란 호모 병사들에게 서비스를 해주고 돈을 받았다는 기록도 남아 있다.

일본에서는 종교적 터부도 없고 더욱이 호모의 오랜 전통 탓인지 동성연애자에 대해 대체로 관대한 편이다. 메이지 유신 직후에는 남색죄에 관한 법률이 있었으나 남색 그 자체를 처벌하는 규정은 없었다고 한다. 오늘날에도 일본에서 동성 연애자는 호기심의 대상은 될지언정 경찰에 시달리지는 않는다. 개인의 사생활 문제로 받아들여지고 있는 것이다.

최근에는 일본의 동성애자들이 자기 주장을 하기 시작했다. 일본에서 동성애자들의 활동이 두드러진 계기는 1986년 '움직이는 게이와 레즈비언회'를 결성하여 시민권 획득 운동을 벌인 데서 비롯되었다. 이 모임은 속칭 '어커(occur)'라고 부르는데 수도권을 중심으로 약 300명의 회원을 거느리고 있다.

게이(gay)들의 주장은 "동성애는 이성애와 마찬가지의 성적 지향(Sexual Orientation)이며 개인의 의사로서 선택할 수 없는 성적 지향을 이유로 차별해서는 안 된다."는 것이다. 다시 말해서 동성 간의 연애도 남녀 간의 사랑과 마찬가지이므로 차별을 해서는 안 되며, 자신들을 이상스러운 색안경을 끼고 쳐다보지 말아 달라는 호소였다.

1988년 스웨덴에서 '공동생활자의 공동주거와 공유재산에 관한 법률'이 시행되어 동성애의 커플도 결혼한 부부와 마찬가지라는 사회적인 인지가 부여되었다. 이 같은 해외 게이의 지위 향상에 자극을 받은 탓인지 일본에서도 1990년대에 들어서자 각종 영상매체와 잡지 등이 이들의 사랑과 고민을 소개하기 시작하여 '게이 붐'을 일으켰다.

1993년에는 동성애자가 등장하는 〈아스나라 백서〉, 〈형편이 좋은 여자〉, 〈동창회〉 등의 TV 드라마가 방영되어 높은 시청률을 올렸고, 〈20세의 미열〉, 〈반짝거리는 빛〉, 〈누룽지〉 등의 영화도 화제를 불러일으켰다. 게이를 다룬 소설과 논픽션도 다수 발간되고 일본 중앙대학 문학부에서는 '동성애 세미나' 강좌가 설치되기도 하였다.

일본의 전통적인 민중 연극의 하나인 가부키(歌舞伎)의 한 장면. 여배우는 여장을 한 미소년 배우로 대치된 여장 남인의 독무대지만, 외국인들의 눈에는 그것이 일본만의 이채로운 성적 착시로도 보인다.

동성애자 자신들도 《장미족》이라는 잡지를 발간하여 정상인임을 열렬히 선전하였다. 일본 문부성의 교사용 지도서 〈생도의 문제행동에 관한 기초자료〉에서 동성애를 '성비행'으로 취급하고 있다고 항의하여 1993년 1월 문부성으로 하여금 이의 부당성을 인정케 하는 개가를 올렸다.

동성애자에 대한 도쿄 도립 '청년의 집'이라는 숙박시설 이용을 거부당하자 이들은 도쿄도를 상대로 제소하였다. 이 재판은 일본에서 처음으로 원고가 동성애자가 된 케이스로 동성애자의 인권을 둘러싸고 매스컴이 경쟁적으로 보도하였다.

재판소가 1994년 3월 도쿄도의 이용 거부 결정은 위법이라고 판결함으로써 게이 단체는 기세가 등등해졌다. 역시 지난해에 일본에서 처음으로 '제1회 게이·레즈비언 퍼레이드'를 도쿄에서 개최하여 시민권 확보를 위해 목청을 높였다.

동성애자에 대한 인식이 조금씩 달라지고 있지만 아직도 일본에서는 동성애자들은 특이한 취향을 지닌 특별한 그룹으로 인식되고 있으며, 이들의 성생활 등에 관해서는 엿보기 취미 형태로 많이 다루어지고 있다.

동성애자는 이미 이웃 나라만의 이야기만도 아니다. '친구 사이', '마음 001', '컴 투게더' 등 동성애자들의 모임이 '한국 동성애자 인권운동협의회'를 발족시킬 정도로 그들의 목소리가 높아지고 있다. 1995년 5월 '컴 투게더' 대표는 자신의 사진을 당당히 대학 간행물에 공개하고 동성애자에 대한 보수적 시각을 비난하고 나섰다. 아마도 가까운 장래에 한일 동성애자 친선대회가 서울에서 열리지 않을까 생각된다.

《해체신서》와 처녀막

"로마는 하루에 세워진 것이 아니다."라는 격언이 있지만, 일본 근대화를 촉발시킨 메이지 유신도 오랜 준비 기간이 있었다. 서양의 파도가 도도하게 밀려오던 19세기 중엽, 일본이 파도타기를 무난히 해낼 수 있었던 것도 네덜란드를 통한 200여 년간의 서양 공부가 있었기 때문이었다.

17세기부터 약 200년 동안 일본의 식자들은 네덜란드로부터 의학, 자연과학의 지식을 게걸스럽게 흡수하였다. 새로운 것을 좋아하는 호기심과 무엇이든지 배우는 것에 보람과 즐거움을 느끼는 저들의 열린 마음 상태는 쇄국이라는 정치적 상황도 아랑곳하지 않았다.

네덜란드 문물에 관한 지식의 총체를 일컬어 난학(蘭學)이라고 하면서 난학자 배출에 많은 돈과 정력을 쏟았다. 일본인들은 난학을 통해서 중국과 조선의 과학기술 수준을 한 수 아래로 보기 시작했다.

그러나 조선은 17세기 중엽에 표류해 온 하멜 일행을 애물단지로 여겨 전라도로 격리시키기에 급급했으며 네덜란드에 대해 알아보려는 시도도 하지 않았다.

여자의 순결을 나타내는 고전적(?) 어휘인 처녀, 처녀성, 처녀막은 바로 일본에서 난학의 대가가 만들어 냈다는 것을 아는 사람은 그리 흔하지 않을 것이다.

지금부터 220년 전에 스기타 겐파쿠(杉田玄白, 1733~1817)라는 한의사가 네덜란드어로 쓰여진 인체 해부학서를 우연히 보고, 그것에 매료되어 오십 줄의 나이도 잊은 채 네덜란드어를 배워가면서 그 책을 번역하여 《해체신서(解體新書)》라는 제목으로 출간하였다.

스기타는 조선의 한의학 대가 허준이 10여 년간 각고의 노력 끝에 1610년에 집대성한 《동의보감》에도 경의를 표했지만 동양적 한의학이라는 두터운 벽을 넘지 못한 것에 일말의 아쉬움을 느끼고 있었다. 《동의보감》은 《해체신서》보다 꼭 50년 빠른 1724년에 일본에서 복간되었다.

중국과 조선의 한의서에서는 볼 수 없었던 인체 해부도를 보고 스기타는 자기도 모르게 무릎을 치고 그 어려운 번역을 해내었으며 처녀막이라는 일본말을 만들어 냈다. 여자 사형수의 시체 해부 현장을 직접 견학하면서 해부도와 일일이 대조 확인하는 실증적 자세를 보여 주었다. 그 실증적 작업을 거쳐 완성된 《해체신서》 발간으로 여자의 순결에 대한 로맨티시즘은 허물어지고 해부학적으로 취급되었다.

당시 일본에서는 성적 관계가 없는 미혼의 성인 여자를 오토메(乙女)라고 했다. 일본인들은 원래부터 처녀성 그 자체를 그렇게 대단하게 여기지는 않은 듯하다. 오늘날에도 일본인들은 처녀성을 따지기보다는 육체와 정신의 조화를 중요시한다. 때문에 여자의 과거에 상관없이 서로 진

정으로 사랑하면 결합할 수 있다
고 믿는다. 여자의 순결이란 결
혼 전의 행실보다는 결혼 후의 행
실을 따지는 것이다.

여자들 자신도 맨 처음 순정을
바친 남자를 연연해 하지 않는다.
10세기 초에 간행된《고금화가집
(古今和歌集)》의 노래에도 첫 남
자를 못 잊어하는 연가는 없다고
한다. 이《고금화가집》은 일본이
가나문자 발명을 계기로, 한자로

인체 해부학서인《해체신서》를 출간한 한의사 스기타
겐파쿠(杉田玄白, 1733~1817)의 화상.

쓰여진 시가와 선을 긋고 헤이안 시대의 사랑과 인정에 관한 노래 천여
수를 정리한 것인데, 그 속에 첫사랑에 관한 노래가 없다는 것은 현실주
의적인 일본인의 삶의 자세를 보여 주는 한 면이라고 하겠다.

16세기 일본에서는 여성이 결혼 시까지 처녀성을 지킬 필요가 없었다.
1562년에 일본에 와서 34년간이나 선교활동을 했던 루이스 푸로이스는
그의 저서《유럽문화와 일본문화》에서 일본 여성들은 순결을 조금도 중
요시 여기지 않고도 시집을 잘만 간다고 적고 있다. 반면에 조선의 여성
들은 자신의 정조는 재산이나 생명보다도 한층 더 귀한 것이라고 생각했
다. 지금도 우리나라의 어느 시골에서나 볼 수 있는 열녀비는 정조 관념
이 얼마나 강했는지를 말해 주고 있다.

사실 에도 시대 유곽에서도 처녀성은 상품성이 없었다. 오히려 성적 경험이 많은 여자를 알아주었다. 그중에서도 매독으로 고생하다 치료된 여자가 난봉꾼들에게 인기가 있었다. 한 번 매독에 걸린 여자는 저항력이 강해져 다시는 성병에 안 걸린다는 속설이 있었던 탓이다. 그러면서도 숫총각의 인기는 괜찮았던 모양이다. 유녀들 사이에 동정(童貞)의 남자와 관계하면 재수가 좋다는 미신이 퍼져 있었으며, 숫총각과 인연을 맺은 횟수는 그들 사이에는 자랑거리로 통했으며 관록의 상징이었다.

일본에서 처녀성의 가치를 높여 놓은 계기는 유교의 도입과 때를 같이한다. 유교는 지금은 화석화되어 가고 있는 여자의 정절을 중요시하고 현모양처를 강요했다. 이 같은 사회적 분위기 속에서 처녀성은 목숨과도 같은 무게로 일본 부녀자들을 짓누르게 되었다. 그런 자리에서 처음 나온 호스티스를 '아타라시'라는 말로 은근히 처녀임을 내세우고 있지만 일본말에서는 일반적으로 쓰이지 않는다. 에도 시대에 숫처녀를 가리키는 말로는 아라바치(新鉢), 신카이(新開), 하쓰하나(初花), 사라보보(更開) 등이 있었으며 지금은 영어 '버진'으로 통일되어 있지만 글쎄, 얼마나 자주 쓰여지고 있는지는 짐작할 수가 없다.

처녀성이 엄격히 요구된 곳은 일상생활의 터전이 아니라 신앙의 영역에서였다. 처녀가 아니면 신에게 봉사를 할 수 없었는데, 이때 처녀의 기준은 초조 이전의 여자를 의미했다. 일본 최고의 신사인 이세 신궁에서는 월경이 시작된 여자에게는 봉사할 자격이 주어지지 않았다. 초조 이전의 여자는 여성도 남성도 아닌 중성으로 간주되었다. 성적 욕망을 느끼지 않아 신에게 봉사하기에 적절하다고 본 것이다.

수년 전 도쿄 야스쿠니 신사를 방문한 적이 있다. 대낮인데 어두침침한 마루방에서 신관(神官)을 기다리고 있는 동안, 빨간 치마에 하얀 윗도리 차림의 미코(巫女)가 고양이 걸음으로 다가와서 차를 대접했다. 늦가을 황혼녘의 소슬한 바람소리에 구천을 헤매는 원혼들의 흐느낌이 들리는 환청에 얼마나 섬뜩했던지. 괴기스러운 분위기의 연극 무대에 앉아 있다는 생각이 들면서도 '당신은 아직 초경 전입니까?'라는 질문이 목구멍을 간지럽히는데, 그녀는 정말 유령처럼 조용히 긴 낭하 저편으로 사라져 갔다.

우리나라에서도 신은 순결한 처녀를 좋아한 것으로 되어 있다. 공양미

일본 춘화도의 특징인 여성 성에 대한 사실적 묘사는 《해체신서》가 기본 교과서로 사용되었다.

삼백 석에 인당수에 몸을 던진 효녀 심청이의 이야기가 그 한 예가 아닌가 한다. 귀신들이 처녀를 요구했다는 민속 설화는 일일이 예를 들 수 없을 정도로 많이 전해져 내려온다.

스기타의 《해체신서》는 성을 낭만적 관념으로부터 생물학적인 것으로 바꿔 놓았다. 토끼 두 마리가 산다는 달나라의 신비가 과학 앞에 허물어지듯이 처녀성에 대한 신화의 껍질을 벗겨 내었다. 임신과 출산의 과정을 명쾌히 설명한 《해체신서》가 일본 춘화도의 기본 교과서로 사용되어 그 분야의 발전에 큰 몫을 했다는 것을 스기타가 알면 고소를 금하지 못하리라.

요즈음 맹렬 페미니스트들은 《해체신서》의 영향을 받은 춘화쟁이들이 여성의 성을 물건 취급했다는 비난을 쏟아 낸다. 그도 그럴 것이 춘화도에 몰두했던 화가들은 여성 성기의 사실적 묘사에 정성을 쏟아 마치 현미경으로 처녀성을 찾아내기라도 하려는 듯한 태도로 그리고 있다. 일본인의 전형적인 특징의 하나는 애매성과 은폐성에 있는데, 여성의 가장 은밀한 부분을 그토록 섬세한 필치로 드러내 놓았으니 신비감이 있을 리 없다.

여성 자신들도 여성 성기를 다룬 춘화도를 보고 있노라면 그로테스크한 느낌을 갖지 않을 수 없을 만큼 정치(精緻)하게 그려 놓았다. 스기타가 처녀성을 그저 생리적인 것으로 취급하여, 순결의 신화에 도전하려는 여성들의 마음을 편하게 해주었다고, '일본 전국 성교육 연구단체 연락 협의회'로부터 감사장을 받는다면 어떤 기분이 들까.

벌레와 일본인

벌레에 대한 생각을 하게 된 계기는 일본에서 '재일 한국인 법적 지위와 인권의 장래'라는 논문을 준비하면서부터였다.

다 아는 대로 일본은 재일 한국인의 국적을 하루아침에 제멋대로 박탈한 이래, 여러 가지 차별 정책을 취해 왔다. 다행히 요즈음에는 인권 존중이라는 세계적 추세 속에서 어느 정도 개선이 이루어지고 있다.

1951년 당시 일본 총리였던 요시다 시게루(吉田茂, 1878~1967)가 재일 한국인의 일본 국적 유지에 반대하면서 '소수민족은 뱃속의 벌레'라는 망언을 터뜨려 우리를 격분케 했다. 경멸적이고 욕심에 가득 찬 폭언이었다. 요시다의 발언록을 읽으면서 일본인은 벌레를 어떻게 생각하는지가 궁금해졌다.

벌레는 사람, 짐승, 새, 물고기, 조개 따위를 제외한 작은 동물을 통털어 이르는 말로 곤충 또는 버러지라고도 하는데, 이는 약한 존재라는 의미도 있다. 일본인 스스로 말하기를, 일본인은 혼자서는 벌레가 되고, 셋이 되면 용이 되고, 중국인은 혼자서는 용이, 셋이 되면 벌레가 된다고 한다. 일본인 한 사람을 두고 보면 미약하고 보잘것없지만 집단화되면 단순히 산술적 합계 이상의 힘을 방출하는 특징을 나타내는 것을 말한다.

일본 속담에 "한 치 벌레에도 오 푼의 혼"이라는 말이 있는데 이는 아무리 작고 약한 자라도 그만한 의지는 있어서 함부로 업신여길 수 없다는 뜻이다. 일본인 스스로는 개개인은 작고 약한 존재로서 인식하고 있는 것 같다.

회충이 있다는 의미로 "벌레를 갖고 있다."라고 표현하는 것은 우리와 별로 다를 바 없다. 그러나 딸자식에게 달갑지 않은 애인이 생겼을 때 벌레가 붙었다는 말을 쓰는데 이때의 벌레는 실제의 벌레를 말하는 게 아니라 우리 눈에는 보이지 않는 그 어떤 것이다.

남자 마음속에 있는 사랑의 감정이 여자에게로 쏠리게 하는 존재가 바로 벌레이다. 큐피드의 화살은 받아 내면 그만이지만 눈에 보이지 않는 사랑의 벌레는 어찌할 수 없어 부모도 결국 "제 인생 자기가 사는 것이지."하고 체념하는 도리밖에 없다.

괜히 주는 것 없이, 까닭 없이 싫을 때의 기분을 벌레가 좋아하지 않는다고 이야기한다. 사랑하는 데에 이유가 없고 미워하는 데에도 이유가 없는 것은 벌레 때문이라고 했다. 실은 자기가 싫어하면서도 그 핑계를 벌레에게 미룬 것인지 모르나 눈에 보이지 않는 그 어떤 잠재의식 같은 것임에는 틀림없다. 여기에서도 일본인의 이중적인 사고 방식의 일단을 볼 수 있다. 나는 너를 좋아하고 싶은데 뱃속에 있는 그것이 웬일인지 너를 받아들이지 않는다는 핑계를 댄다. 자기로서도 어찌할 수 없는 뱃속의 그 벌레가 문제라는 것이다.

치미는 부아를 참을 수 없을 때, 뱃속의 벌레가 가만 있지를 못한다고 표현하고, 벌레를 일으켜 깨운다는 것은 짜증을 내게 한다는 의미이다. 또한 그것은 사람의 감정을 좌우하기도 한다. 그 벌레가 있을 곳에 있지 못하고 엉뚱한 곳에 있으면 웬일인지 평소와는 달리 사소한 일에도 기분이 언짢아진다. 그래서 그들은 이럴 때, 벌레가 나쁜 데 있다고 한다.

짜증이나 욕망을 꾹 참는 것은 '벌레를 누른다.'고 하고 감정을 죽이거나 화를 억누르는 것은 '벌레를 죽인다.'고 한다. 눈에 보이지도 않는, 그것도 저 뱃속 깊숙이 어딘가에 있다고 여겨지는 벌레를 어떻게 죽이겠는가. 그만큼 욕망이나 노여움은 다스리기 어렵다는 것이다.

정신분석학의 창시자 프로이트가 무의식 중에 인간을 움직이고 있는 충동을 리비도라고 했는데, 바로 이 리비도가 일본인의 뱃속에 있는 벌레가 아닌지 모르겠다. 이 벌레는 인간의 생명이 다할 때 함께 죽는 것으로 되어 있다. 사람이 의식을 잃고 마지막 숨이 넘어가는 임종의 순간을 벌레의 숨이라고 한다.

벌레와 관계되는 일본어 중 재미있다고 생각되는 것은 비단벌레를 지칭하는 다마무시(玉蟲)라는 단어다. 길이가 3~4cm밖에 안되는 이 벌레의 날개는 옛부터 살아 있는 보석으로 알아줄 만큼 아름다운 빛깔로 일본인의 마음을 사로잡았던 모양이다.

일본 법륭사에 비단 벌레 1,200마리의 날개를 박아 넣어 만든 장이 있는데 이는 국보로서 신주를 모셔 두는 곳으로 쓰이고 있다. 일본인들은 이를 다마무시즈시(玉蟲廚子)라고 부른다.

비단벌레의 색, 곧 다마무시 이로(玉蟲色)는 비단벌레의 날갯빛처럼 광선에 따라 녹색이나 자줏빛으로 변하는 빛깔을 말한다. 흔히 어느 쪽으로도 유리하게 해석할 수 있는 애매한 표현을 다마무시 이로라고 하고 애매한 답변은 다마무시 이로 답변이라고 하는데 우리가 아는 대로 일본인은 다마무시 이로 답변에 능하다.

일본 미신에 비단벌레를 옷장에 넣어 두면 새 옷이 생긴다는 말이 있다. 메이지 유신 이후까지 가정에서는 이 벌레를 싼 종이를 옷장에 넣어두는 집이 있었다고 한다. 이 벌레가 장마철인 6월에 활동하는 것을 보고 습기 많은 옷장 안의 의복 간수에 자연히 신경을 쓰게 된 데서 나온 속설인지 모른다.

곤충의 의미가 아닌 제2의 벌레는 사람을 지칭할 때도 있다. 책벌레, 공부벌레의 경우는 다 아는 대로 책이나 공부에 지독히 파고드는 사람을 말한다. 벌레가 자기 몸의 수십 배 또는 수백 배가 되는 식물이나 옷가지

일본인의 마음을 사로잡은 비단벌레 다마무시(玉蟲). 날개 빛깔이 아름다워 살아 있는 보석으로도 불린다.

를 파먹어 들어가듯이 지극히 한정된 일부분에 심혈을 다 쏟는 경우에 쓰인다. 오로지 한 가지 일에 파고드는 사람을 지칭하나 반드시 좋은 의

미만은 아닌 것 같다. 일본어에서는 울보를 우는 벌레라 하고 겁쟁이를 약한 벌레로 부른다.

우리나라나 일본이나 다같이 벌레 먹어 상한 이를 충치라고 하는데 우리 입속에 벌레가 사는 것일까. 뱃속에 사는 벌레가 참을 수 없어 이를 갉아먹는 것인가. 여하간 일본인의 벌레는 우리말의 벌레와는 달리 참으로 다양하게 사용되고 있음을 알 수 있다.

비단벌레 1,200마리의 날개를 박아넣어 만든 장으로 다마무시즈시(玉蟲廚子)라고 불린다. 일본 법륭사에 있는 국보급 문화재이며, 신주를 모셔 두는 곳으로 쓰이고 있다.

우리 주위에서도 책벌레라는 말을 흔히 들을 수 있는데, 이것이 왜색이 짙은, 아니 일본어 그 자체인 줄 아는 사람은 얼마나 될지 의문이다. 일본문화 유입 반대 등을 목청 크게 외치고 있지만 일본어의 어휘 자체가 우리 일상생활에 깊이 침투되어 있어 그 잔재를 없애기란 여간 어렵지 않을 것 같다. 중국 사람들이 중화인민공화국이라는 국명을 지을 때 가장 고심했던 바가 바로 일본식 한자인 인민과 공화국에 대한 거부감이었다고 한다. 한자 종주국의 체면상 일본식 한자를 피해 보고자 하였지만 별수 없이 국명에 넣어 사용하게 되었다.

거룩한 분노는 종교보다 깊고
불붙는 정열은 사랑보다 강하다

변영로의 시 '논개'의 한 부분이다. 촉석루의 의기로 널리 알려진 논개의 이름은 어딘가 이상하다. 다른 문헌에는 논낭자(論娘子)라고 하여 논씨 성을 지닌 기녀인 것처럼 생각되게 한다.

그러나 논씨 성도 낯설거니와 여자 이름에 어떻게 '개'를 붙이겠는가. 오히려 일본인 이름 냄새가 난다. 일본인들은 키가 6척이 넘는 껑다리를 로쿠스케(六介)라고 했다. 그렇다면 논개라는 이름은 본래의 이름이 아니라 일본인들이 '말을 잘한다.'는 의미로 붙인 별명이 아닌가 싶다. 광복 50주년을 맞이하여 국민학교도 초등학교로 개칭하는 때에 논개도 제 이름을 찾아 줘야 하는 것은 아닐지.

일본 아가씨들이 지금도 약간 울먹이는 듯한 목소리로 "미안해요. 제 자신도 왠지 모르겠어요."하며 눈을 아래로 내리깔고 이별의 변을 늘어놓는 것도 벌레 탓이라고 한다. "잘 먹고 잘 살아라."는 퉁명스러운 남자의 반응으로 사랑은 벌레가 한번 꿈틀했던 것인 양 미련 없이 끝나고 마는 것이다. 일본인의 뱃속에는 불가사의한 벌레가 있다. 그것이 한 마리인지, 얼마나 큰지는 알 수 없으나 그것에 의해 일본인의 감정이 지배당한다니, 일본인은 이래저래 이해하기 어려운 사람들이다.

제 2 장

푸른 눈에 비친 우키요에

성의 사랑방, 목욕탕

100여 년 전 서양인들이 일본에 와서 가장 놀랐던 것은 그들의 목욕 습관이었다. 뻐드렁니에다 더욱이 유부녀들은 앞니에 검은 칠을 하여 볼썽사나운 외관과는 달리 목욕을 하루도 거르지 않는다는 사실에 큰 감명을 받았다. 일본을 비문명국으로 간주하고 이들을 개화시켜야 한다는 전도사적 사명감을 내세우고 있던 서양인들이었지만 일본인의 청결성만은 높이 평가하지 않을 수 없었다.

일본의 청결성은 어디에서 연유하는 것일까. 물론 습기가 많은 기후 때문이기도 하다. 일본인들의 종교라고 할 수 있는 신토는 조상신을 신봉한다. 사람은 죽으면 먼 세계로 사라지는 것이 아니라 조령(祖靈)이 되어 자손들 가까이 머물며 그들의 생활을 지켜본다. 그리고 매년 때를 정해서 집으로 돌아오고 그때 자손들은 음식을 차려서 조령을 기쁘게 한다. 깨끗하지 않으면 조령이 안 온다는 것이다. 이런 의미에서 신토는 조상 숭배 신앙으로서 그 기초는 깨끗함에 있다 하겠다.

서양인들이 처음에는 날생선 음식에 고개를 설레설레 흔들었지만 어느 틈엔가 초밥과 사시미를 먹게 되었는데 그 경위도 따지고 보면 일본인의 청결 의식이 크게 작용했다. 요즈음 구미에서는 일본 식당 하면 비싸고 깨끗한 곳, 고급 식당으로 통한다. 짧은 머리, 흰 모자, 흰 가운의 요리사의 모습은 신뢰할 만하다. 지금도 일본에서는 머리 긴 주방장이 있는 식당에는 손님의 줄이 짧다.

일본은 목욕탕의 나라이다. 옛날과는 달리 그 숫자가 많이 줄어들고 사우나룸 등으로 대형화되었지만 아직도 공중 목욕탕은 하루의 일을 끝낸 샐러리맨들의 휴식처이다. 최근에는 식당, 오락실, 운동실을 겸비한 대형 목욕탕이 인기를 끌고 있다.

일본에 살 때 매일 저녁 공중 목욕탕에 가는 재미로 하루를 마감했다. 돈을 주고 목욕을 한다고 해서 센토(錢湯)로 불리우는 공중 목욕탕의 정경은 서울의 그것과 별로 다르지 않다. 남녀 별도로 되어 있는 입구를 통해서 들어가는 순간, 일본에 처음 간 외국인 특히 한국인은 어, 어 하고 당황하게 된다.

남녀 탈의실을 내려다볼 수 있을 정도로 높직하게 만든 반다이(番台)에 아주머니가 앉아서 입으로는 옷 갈아입는 손님들과 연신 떠들고 손으로는 면도기나 치약을 파느라고 정신없다. 그 반다이에는 시아버지로부터 며느리에 이르기까지 가족 중 한가한 사람이 번갈아 앉아 있다. 손님이 좀 뜸하면 아주머니가 남탕에 들어와서 정리 정돈을 하기도 한다. 남녀 탈의실을 구분하는 널빤지가 가운데 있지만 성성한 틈새로 뭔가 보일까 해서 일부러 늑장을 부리며 옷을 끼워 입곤 했다. 목욕탕에 갈 때마다 반

다이에서 하루 저녁만이라도 일해 보았으면 했었다.

　도쿄 중심지에 아주 재미있는 목욕탕이 하나 있다. 일반의 목욕탕 구조 외에 200여 평 되는 넓은 휴게실이 있는데 그곳에는 샤미센, 마이크 시설이 갖추어져 있고 홀 정면에는 무대가 있다. 술과 모밀 국수로 간단히 요기를 때우고 무대에 가서 춤과 노래를 자랑한다. 인생의 황혼을 보내는 할아버지, 할머니도 있지만 가끔은 젊은이의 모습도 보인다.

　일종의 사교장이자 춤과 음악이 있는 노인정인 셈이다. 목욕탕이 딸린 사랑방이라고나 해야 할지 모르겠다. 서울에서 관광 온 장모님께서 왕년의 실력을 발휘하여 갈채를 받았던 추억의 무대이기도 하다. 그 후부터 장모님께서는 "해외 공연에서 뜨거운 박수를 받았다."는 자랑으로 주위

에도 시대 목욕 문화와 풍물을 재현한 도쿄 근교의 공중탕 '오에도 온센 모노카타리(大江戸溫川物語)'. 이곳은 샐러리맨들의 휴식처로 사우나 시설은 물론 식당, 오락실, 운동실 등을 갖추고 있어 큰 인기를 모으고 있다.

사람을 웃기곤 하였다.

센토는 에도 시대에 상당히 번창했다. 습도가 높고 바람이 센 에도에서는 매일 목욕을 하지 않을 수 없었다. 그러나 장작값이 비싸고 화재 위험이 높아 웬만큼 지체가 높은 세도가가 아니고서는 개별 목욕탕은 언감생심이었다. 하급 무사나 일반 백성들은 주로 센토를 이용했는데 당시 에도에는 600여 개나 되었다고 하며 2층 휴게실에서는 바둑, 장기, 화투로 시간을 보내며 차를 마시면서 담소를 나누었다.

'고스톱 망국론'이 나올 정도로 화투는 우리 생활 깊숙이 침투되어 있는데 이는 구한말 시대에 일본에서 전래된 것이다. 화투는 포르투갈 상인들이 카르타라는 카드 놀이를 전한 데서 유래했다. 일본말로는 하나후다(花札)라고 하는데 현대 일본인들은 화투놀이를 별로 하지 않는다. 일

하루도 거르지 않는 에도 시대 유부녀들의 목욕 습관은 청결성에 기초한 조상 숭배 신앙에서 비롯된 것이다. 깨끗하지 않으면 조상의 영혼이 가까이 오지 않는다는 믿음 때문이다.

본 직장인들이 토요일 밤을 꼬박 세워 가면서 하는 도박놀음은 '섰다' 나 '고스톱'이 아니라 마작(麻雀)이다. 도쿄 거리에서 심심찮게 마작 놀이집을 발견할 수 있다.

목욕탕은 단순히 때를 씻는 곳이 아니라 새로운 소문을 듣고 정보를 교환하는 클럽 구실에다 여자를 살 수 있는 간이 매춘소 역할도 했다. 남녀 혼탕이 일반화되어 있던 때라 성적 욕구에 대한 자극도 심했다.

이 혼욕의 습관이 조선 식자들의 눈살을 찌푸리게 했고 일본인을 야만스러운 상것 취급을 하게 했다. 조선통신사가 남긴 기록을 보면 남녀가 같은 탕 안에 들어가 육체를 드러내고도 서로 괴이히 여기지 않으니 실로 금수와 같다고 일본 풍속에 침을 뱉었다. 현재 일본 동북 지방에는 혼욕의 욕조가 그대로 남아 있는 곳이 있다고 한다.

메이지 유신 정부는 문명개화 시대를 구가하면서 외국에 대한 체면 때문에 혼욕 금지령을 내리고 남녀 욕조를 분리하도록 명령했지만 좀처럼 지켜지지 않았다.

우리의 사대부들이 일본 혼욕 풍습에 이맛살을 찌푸린 것에는 충분히 이해가 가나, 일본의 혼욕을 경멸해 마지 않았던 그 양반들은 엄동설한에 몇 번이나 목욕을 했을까 궁금하다. 괴이한 것들이라고 한결같이 매도하기에 급급했지 그들의 청결성에 대해서는 별로 주목하지 않았다. 사물에는 언제나 양면이 있는 법인데 조선에는 변변한 공중 목욕탕 하나 없던 현실은 외면하고 문란스러운 혼욕의 모습에 헛기침만 하며 우리의 척도로만 재려 들었다.

19세기 말 조선을 방문한 서양인들이 수려한 산하에 살고 있는 사람들의 꾀죄죄한 모습에 다들 고개를 돌렸다고 적고 있다. 같은 시기에 일본을 방문했던 유럽인들은 날마다 목욕을 하는 일본인에 기가 질려 있었다.

목욕탕 여자를 유나(湯女)라고 부른다. 우리말로 읽으면 탕녀가 된다. 바로 그네들은 탕녀와 다름없는 존재였다. 유나들은 대개 목욕탕 2층에서 목욕이 끝난 사내들을 상대로 섹시한 옷차림으로 차와 술을 대접하고 풍악을 울려 흥을 돋군 후 뜨거운 단계로 나아갔다. 원래 기모노 차림의 여성들은 옛날에는 팬티도 안 걸쳤다고 하니 누운 소 타기와 같이 간단했을 것이다.

유나 전성의 시대에는 한 목욕탕에 20~30명의 미녀들이 들끓어 사창가나 다름없었다. 당국에서 목욕탕 풍기 문란을 바로잡기 위해서 1652년에는 한 집에 유나 3명으로 제한하는 조치를 내렸으나 결국 공염불로 끝나고 말았다.

유나가 장안의 인기를 독차지하게 되자 요시와라(吉原)에서 전문적으로 몸을 팔던 에도의 공식 유녀들은 파리를 날리게 되었다. 요시와라 포주들이 배후의 줄을 이용하여 단속 로비를 하여 한동안 유나의 씨가 마른 듯했다. 그러나 그게 어디 쉬운 일인가. 오늘날 일본 온천 지대에는 아직도 유나의 후예들이 남정네들의 객고를 풀어 주고 있으니 목욕탕과 섹스와의 인연은 그야말로 불가분인가 보다.

일본인은 더운 물에 몸을 담그고 있으면서 자궁 안의 신비스러운 평온

에도 시대의 남녀 혼욕탕. 문명개화 시대를 구가하면서 혼욕 금지령을 내렸으나 공염불로 끝나고 말았다.

을 느끼는지도 모른다. 어쨌든 그들은 자주 씻는데 이골이 나 있는 사람
들이다. 유치원에서 가장 먼저 가르치는 것도 '오아시스'와 함께 씻는
습관을 몸에 배도록 하는 것이다. '오아시스'는 일상생활의 기본 예의의

키워드이다. 오하요 고자이마스(아침 인사), 아리가토 고자이마스(감사합니다), 시쓰레 시마스(실례합니다), 스미마셍(미안합니다)의 첫 글자를 따서 '오아시스'라고 한다. 제대로 인사할 줄 알고 감사하며, 남에게 폐를 끼치지 않는 생활 습관을 몸에 지니게 되면 사람 사는 세상이 오아시스가 된다는 의미일까.

어떤 연유에서 비롯되었는지는 모르겠으나 자주 목욕을 하는 습관은 좋은 것이라고 할 만하다. 다만, 물로 씻으면 과거도 다 씻겨 버린다는 안이한 생각으로 이웃을 바라보고 생각해서는 안 될 것이다.

80년대 중반까지만 해도 마사지와 섹스 서비스를 해주는 목욕탕을 도루코탕이라고 불렀다. 일본인들은 터키를 도루코라고 부르니 도루코탕이란, 마치 터키에서 받아들여 온 터키의 목욕탕처럼 여겨졌다. 터키 대사관의 항의로 마침내 도루코탕은 소푸란도(soapland)로 둔갑하게 되었다. 어떻든 오늘날에도 목욕탕은 섹스와 연결되어 있으며 목욕이 섹스의 은어로 통하기도 한다.

남근은 전 인격의 초상화

일본 문화를 아니 일본의 성풍속사를 이야기하는 데 있어서 우키요에 (浮世繪)를 빼놓는 것은 용을 다 그린 다음에 눈을 그려 넣지 않은 것과 다름없다.

우키요(浮世)라는 말은 중국 육조 시대 문학에서 처음으로 '인간' 또는 '인간이 사는 세상'의 뜻으로 사용되었다. 송나라 시대의 문학에서는 세상 일이 허무하고 뜬구름처럼 일정치 않다는 의미로 쓰였다. 일본에서는 에도 시대에 호색 문학의 대가 이하라 사이카쿠(井原西鶴)의 《우키요조시(浮世草子)》라는 대중 소설이 출간됨으로써 우키요라는 말이 널리 쓰이게 되었다.

우키요에라는 것은 넓은 의미로는 풍속화의 일부를 지칭하는 것으로 에도 시대 초기부터 막부 말까지 에도를 중심으로 한 서민의 풍속 및 생활을 그린 작품의 명칭이다. 1650년대부터 약 200년간에 걸쳐 그려진 우키요에는 일본인이 위대한 문화 유산으로 세계에 자랑하는 예술품이다. 서구의 문명인들이 일본의 문화적 속성을 처음으로 인정하게 한 것이 바로 이 우키요에이다.

우키요에는 데생과 구성력이 뛰어나다는 평가를 받고 있으며 현란하고 호화스러운 극채색은 서양의 인상파 화가들에게까지 큰 영향을 미쳤다. 일본의 예술이 서양에 영향을 미친 것은 우키요에 하나뿐이라고 한다. 네덜란드 암스테르담에 있는 반 고흐 미술관의 한 방에는 고흐가 평생 수집해 놓은 우키요에 200여 점이 전시되어 있는데 우키요에에 대한 고흐의 애착을 여실히 보여 주고 있다.

우키요에는 일본이 중국 문화의 압도적인 영향력을 탈피하고 더욱이 서양으로부터 수입한 문물이 아닌 일본만의 독창적인 예술로 인정되고 있다. 쇄국 시대라는 자폐적 상황하에서 국학 진흥이라는 분위기가 조성되었으며 일본적인 것을 추구하는 하나의 형태로서 우키요에가 탄생한 것으로 보여진다.

뛰어난 예술품이 당대에는 평가를 못 받다가 사후에 인정받은 경우가 가끔 있다. 일본의 대표적 예술품이라고 할 수 있는 우키요에도 비슷한 운명이었다.

우키요에 판화는 에도 시대에 포스터 정도로 가볍게 취급되었다. 잘 나가고 있는 배우나 유녀들의 아리따운 자태의 우키요에를 눈요기나 한 다음에는 포장지로 사용할 정도로 값싼 것이었다.

에도 초기부터 유럽에 수출된 일본 예술품의 총아는 도자기였다. 이 수출품의 포장지로 사용된 것이 우키요에였다. 도자기가 깨어지지 않도록 도자기 안에는 물론 상자 안에도 빈틈이 없도록 우키요에 판화나 판

우키요에의 극치인 춘화에는 호색 문화의 산실이라고 할 수 있는 요시와라의 정경이나 유녀들의 요염한 성적 자태 등을 관능적으로 묘사한 것이 많았고, 우키요에의 주제로 가부키의 세계를 다루기도 했다.

화집을 잔뜩 넣었다.

도자기를 주문한 유럽의 미술상들은 눈이 등잔만 해졌다. 도자기 자체보다 우키요에의 높은 예술성에 경탄을 금치 못한 것이다. 이런 계기로 우키요에가 서양의 미술계에 소개되었다는 에피소드가 있다.

1867년 파리 만국박람회 때 100점의 판화가 출품되어 파리 화단의 관심을 모았고 박람회 폐막 후 출품 작품이 경쟁적으로 팔려 나갔다. 이 판화들은 파리 미술계를 휩쓴 자포니즘(Japonisme)의 첫번째 파도를 일으키는 원동력으로서 '일본의 계시'로 통했다.

우키요에의 주제는 뜬세상으로 불렸던 유곽과 가부키의 세계를 많이 다루었다고 해서 우키요에라고 부르게 되었다는 설도 있다. 주로 호색 문학과 호색 예술의 산실이라고 할 수 있는 요시와라의 정경, 유녀들의 요염한 자태, 가부키 무대의 집단적 묘사 등이 많다. 한창 물 좋은 유녀나 인기 있는 배우들이 자신들의 아름다움을 과시하기 위해서, 뜬구름 같은 찰나적인 아름다움을 그림으로나마 간직하고 싶어서 초상화를 그려 받았다.

유녀들은 자신의 초상화를 돈 많은 손님들에게 선전물로 사용하기도 하였다. 오늘날 일본의 매춘부들이 자신의 체격 사이즈가 적힌 사진을 돌리는 방식과 유사하다. 미인화는 처음에는 전적으로 유녀들만을 그렸으나 점차 게이샤, 여염집 여인네들도 대상으로 포함되었다. 막부 말기에는 풍경화, 화조화도 등장하고 대중문학과 연결되어 삽화로 많이 애용

유녀들의 현란한 모습을 그린 우키요에(浮世繪)는 일본 성문화의 상징으로 세계에 널리 알려져 있다.

되었다. 우키요에는 서민들의 살아가는 진솔한 모습을 담은 서민 정신의 결정체라고 보아도 좋을 것이다.

오늘날 일본에는 셀프 누드(self-nude)라는 자기 현시 욕망의 표현이 있는데 이는 자기가 자신의 누드를 촬영하는 행위이다. 미술대학에서 수업 과제로 자기 누드를 촬영하기도 한다. 이런 경향은 우키요에의 현대판이라고 하겠다.

우키요에는 처음에는 육필화가 대부분이었으나 대중적 수요가 엄청나게 늘어나자 대량 생산이 가능하고 가격이 저렴한 목판화가 주류를 이루게 되었다. 목판화의 출현은 일본 미술사에서 획기적인 사건으로 평가된다. 요즈음 우리나라에서 '한 집 한 그림 걸기' 운동이 행해지고 있지만 일본에서는 이미 300여 년 전에 서민들도 미술품을 소유하였다. 당시 서양에서는 특권 계층만이 그림을 소장할 수 있었고 일반인들은 성당에서 벽화나 관람하는 것이 고작이었다.

우키요에 중에 유난스러웠던 것은 춘화라고 할 수 있는 마쿠라에(枕繪)였다. 베갯머리에서 부부가 함께 보는 그림이라고 하여 마쿠라에라고 한 것 같은데 이는 폼페이의 음란한 벽화류를 뺨칠 정도로 남녀 교합의 자태를 에로틱한 화법으로 그렸다. 마쿠라에는 우키요에의 극치로서 이것을 보지 않고서 우키요에에 대해 왈가왈부하는 것은 주제넘는 짓이다.

오늘날에는 어머니가 딸에게 성교육을 시키지 않아도 영화나 비디오를 통해 자연스럽게 성을 익히게 되지만 옛날에는 어머니가 성의 교사였다. 그렇다고 하여 부부관계의 알파와 오메가 전부를 설명하기에는 아무리

모녀 간이라도 쑥스러웠을 것이다. 그래서 어머니들이 시집가는 딸의 혼숫감으로 춘화첩을 마련하여 건네주었던 것이다. 거기에는 별 요상스러운 형태의 성체위와 남성의 상징물이 천연색 그대로 그려져 있다.

어머니가 춘화도를 시집가는 딸의 혼숫감에 넣어 보낸 것은 성교육이 목적이 아니라 성을 신성시하고 성의 주술력을 믿는 일본의 전래 사상에 연유한다고도 한다. 춘화도가 혼숫감에 부정이 안 타도록 한다는 설명이다. 그러나 별로 설득력은 없다.

첫날밤에 남자가 아무리 해괴한 요구를 해도 "사내들이란 다 그런 것이란다."라는 것을 순진한 딸에게 암시해 주기 위해 그토록 망측하고 야한 춘화도를 넣었을 것이다. 남자들이 장가갈 때 마쿠라에를 안 가져간 것을 보아도 아무것도 모르는 딸을 걱정하는 어머니 마음의 표시였다는 것을 알 수 있다.

마쿠라에는 왕후 장상에서부터 서민들에게 이르기까지 집집마다 그림을 소장케 했으며 일본의 성문화를 광범위하게 확산시키는 데 결정적인 역할을 했다. 이 그림은 정교한 성묘사로 유명하다. 이중에서 가장 정성을 들여 그린 부분은 여성의 음모였는데, 한 올 한 올을 헤아릴 수 있을 정도다. 또한 치부를 너무 섬세하게 그려 놓아 여성 입장에서 보면 징그럽고 혐오감이 느껴진다고 한다.

일본인들은 고래로 여자의 음모에 대해 별스러운 관심을 보여 왔던 것 같다. 요즈음은 영어의 pubic hair를 줄여서 '헤어(hair)'로 부르고 있지만, 일본에서는 오랫동안 그것을 그림이나 사진에 노출시켜도 좋은지를

두고 의견이 분분했다. 지금은 아무런 제한도 없게 되어 다시 옛날 에도
시대로 돌아간 느낌이다.

옛날 일본에서는 남자들이 부인이나 애인의 머리털을 주머니에 넣고
전쟁터로 나섰다고 한다. 전쟁이라는 극한 상황 속에서 사랑하는 여인의
상징을 지니고 있으면 이기고 돌아가야겠다는 각오가 새로워졌을 것이
다. 머리털 대신에 음모를 넣고 출전했다는 설도 있다. 여자의 음모 세 올

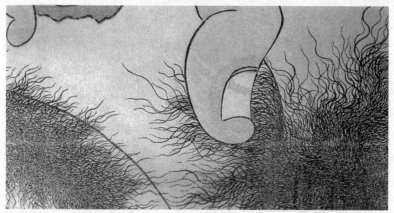

춘화도에서 가장 정성들여 그린 부분은 여성의 음모로 그 세밀하고 정교한 묘사에서 일본인의 성적 집념을
느끼게 한다. 일본에서는 한때 그것을 그림, 사진 등에 노출시켜도 좋은지를 두고 의견이 분분했었다.

을 지니고 노름판에 가면 운수대통이라는 미신도 있다. 여성의 생식력에
근거한 속설로 보인다.

겐로쿠 시대(元祿時代, 1688~1703)를 에도 250년 중 최전성기로 꼽는
데, 이 시대에는 전국 시대의 피비린내가 완전히 사라지고 상공인의 득
세와 더불어 상품 경제가 급속도로 발전했다. 따라서 상품 경제의 선봉
장이었던 조닌(町人)이라는 졸부들은 물질적 욕망과 성적인 쾌락에 빠져

들었다.

정치적 야심은 에도의 향락 생활에 완전히 녹아 버렸다. 겐로쿠 시대에 인구의 반 이상이 매독으로 고생했다는 설이 있다. 겐로쿠 시대에는 네덜란드, 중국으로부터 들여온 성욕을 돋우는 미약과 성도구를 전문적으로 파는 상점도 있었다.

일본 목판화는 시원한 디자인 감각과 우아함을 잃고 점차 관능적 표현에 빠져들었다. 갈수록 점점 증가하는 출판량으로 인해 해이해진 장인정신과 재료의 질적 저하로 판화는 19세기 중엽에 치명적으로 쇠퇴했다.

마쿠라에를 그렸던 화가들은 초기에는 예명을 썼으나 후에는 당당하게 본명을 그대로 쓸 만큼 자신의 작업에 긍지를 갖게 되었다. 마쿠라에 화가 중 서양에 가장 많이 알려진 인물은 가쓰시카 호쿠사이(葛飾北齊, 1760~1867)이다. 가쓰시카는 90세의 나이로 죽을 때까지 춘화를 그린 열정적인 화가로서 자기 혁명의 예술가로 평판이 높다. '방랑의 화가'라는 별명을 얻은 그는 농부 정신이 투철했으며 네덜란드의 동판화를 그리는 법까지 연마한 극성파였다.

가쓰시카는 '남성 성기는 전 인격의 초상화'라는 알쏭달쏭한 믿음을 가지고 30여 개의 예명으로 40년간 남근을 미화하는 그림을 그렸다. 프랑스의 작가 에드몽 드 공쿠르(Edmond de Goncourt)는 1896년 《호쿠사이 연구서》를 발간하였는데 그는 호쿠사이의 기상천외한 발상에 경탄을 금할 수 없다고 하면서 감동적으로 경의를 표했다.

일본의 춘화가 마네, 드가, 고흐, 세잔느 등 유럽 인상파 화가들에게 끼친 영향은 적지 않다고 한다. 프랑스의 문호 에밀 졸라가 자택의 계단 벽면에 우키요에를 장식해 놓고 으스댈 정도로 일본 춘화는 서양에 일본을 심는 데 한몫을 단단히 했다.

　조선은 춘화도의 불모지였을까. 천만의 말씀이다. 가쓰시카 호쿠사이와 동시대인으로 조선 후기 최대의 풍속화가로 손꼽히는 혜원 신윤복은 주로 기녀를 주제로 한 색정적 장면을 감칠맛 나는 풍류의 세계로 승화시킨 그림으로 유명하다. 혜원의 〈여인도〉, 〈풍속화첩〉, 〈그네 뛰는 아낙네〉, 〈빨래하는 부인들〉, 〈술 파는 여자〉, 〈희롱하는 난봉꾼들〉 등의 작품은 예술적 격조에 의해 외설적인 차원을 뛰어넘는 높은 회화성을 인정받고 있다.

　혜원은 사회적 이면상을 적나라하게 보여 주는 성풍속도에 당당히 자신의 이름을 밝히고 있다. 이는 유교적 도덕 관념이 지배하고 있던 당시의 사회에 대한 예술적 항의이자 인간주의 표방으로 보여진다.

　서양의 화가들이 서정적이며 체온이 느껴질 정도로 자연스러운 혜원의 풍속도를 접했더라면 일본 춘화도에 대한 평가는 달라졌을지도 모른다.

몸으로 공양드리는 비구니

수년 전 일본에 있을 때 희한한 술집을 우연히 들른 적이 있다. 수녀원을 흉내낸 실내 장식에 수녀 차림의 호스티스들이 술과 웃음을 파는 곳이었다. 아무리 배금주의가 판을 치는 세상이라고 하지만, 이 같은 작태는 절대자에 대한 모독이 아닐 수 없었다. 후에 들은 이야기지만 종교 단체의 항의에 얼마 안 가서 문을 닫았다고 한다.

어느 해 겨울, 영국의 수도 런던에서 남쪽으로 기차로 한 시간쯤 떨어진 브라이튼이라는 작은 도시에서 3주간을 보낸 적이 있다. 특별한 일이 있어서도 아니었고 단순히 그들의 살아가는 모습을 가까이서 지켜보고 싶다는 호기심에서 하루에 5파운드를 주고 개인집에서 하숙을 했다. 팔자 좋은 시절이었다. TV와 비디오테이프를 보며 빈둥거리다가 어둑어둑해지면 대중 술집 퍼브(Pub)에 가서 시간을 보내는 것이 일과였다.

퍼브는 '퍼블릭 하우스(Public House)'의 약자로서 단순한 술집이라기보다는 유료 사랑방과 같은 곳이다. 마실 만큼 맥주를 사마시면서 동네 사람들과 세상 돌아가는 이야기를 나누는 곳이다. 매일 저녁 출근하다시피 했는데 퍼브의 상호가 글쎄, 일본인 뺨치는 '폽즈 헤드(Pope's Head)', 즉 '교황의 머리'였다. 왕년에 수녀복 차림의 일본 술집을 형편 없는 친구들의 짓거리로 매도했던 기억이 새로웠다. 퍼브는 원래 성지 순례 다니는 여행객들의 숙박소로 운영되는 경우가 많아서 교회와 관련 되는 상호가 많다고 한다. 사람은 무식해야 큰소리도 치는 모양이다.

일본에서 오랫동안 목회 활동을 하던 신부가 간이주점을 개점해서 화 제가 된 적이 있다. 인생의 고민과 무거운 정신적 짐에 견디다 못해 술집 을 찾을 수밖에 없는 영혼들을 직접 상대해서 고민을 함께 나눈다는 사 랑의 술집이었다. 남자들보다 젊은 여자들에게 더 인기가 있다는 소문이 한동안 들리더니 어느 때부터인가 문을 닫아 버렸다. 고민 있는 사람들 이 없었던 모양이었나 보다.

일본인들은 처음부터 성을 금기시하는 종교를 갖고 있지 않았다. 서구 의 기독교 윤리가 섹스를 죄악시하는 것과 달리 일본에서는 에덴 동산의 추방에서 오는 원죄 의식이 없다. 신토(神道)는 성에 대해 포용적일 뿐 아 니라 한걸음 더 나아가 성을 통해 더 신에게 근접할 수 있다는 식이었다. 일본인들의 성의식은 유태인들의 성에 대한 생각에 가깝다. 유태인들은 성을 즐겨야 하는 본능으로 받아들이고 다만 밸런스 유지가 중요함을 강 조한다. 성(性)을 '생명의 강'으로 표현하고 이 강은 말라서는 안 되지만 넘쳐서 홍수를 일으켜도 곤란하다고 본다. 그런데 일본인들은 왕왕 도가 지나치다는 지적이다.

색(色)이라는 말은 빛깔의 의미로도 쓰이지만 여색, 남색, 호색, 색골

매춘을 전업으로 하는 비구니들은 문 앞에 주걱을 세워 둠으로써 그런 집이라는 티를 냈다. 비구니들은 화대를 직접 손으로 받지 않고 히샤쿠(柄杓)라는 국자에 받았다.

등과 같이 전혀 다른 의미로도 사용되는 경우가 있다. 일본인들의 주장에 의하면 빛깔의 색에 에로티즘을 불어넣은 것이 자신들이었다는 것이다. 불교의 반야경에 나오는 색즉시공(色卽是空)의 색을 다른 의미로 전

환시켰다고 한다. 색즉시공의 색은 이 세상에 존재하는 모든 것을 나타내는 것이고, 존재하는 그것은 공(空)이다. 곧 형상은 일시적인 모습일 뿐 실체는 없다는 뜻이다.

죽음도 미화하는 일본인의 미적 감각에서, 성 결합 후에 오는 짙은 허무감이 너무나 짙어서 색에다 정감을 불어넣었는지 모르겠다. 에도 시대부터 색은 성의 의미로 많이 사용되기 시작하여 지금에 이르고 있다고 한다.

일본에는 매춘부의 이름이 400여 종을 넘는다. 속세를 떠나 출가한 여자중을 비구니라고 하는데, 일본에는 비구니 매춘이 있었다. 기록에 따르면 일본에서의 비구니의 시작은 고려중을 따라나선 것으로 되어 있다. 삭발을 하고 348종의 계율을 받아 득도에 정진했던 비구니들이 어느 틈에 매춘부의 대명사로 통하게 되었다. 원래 절에서는 수도승의 파계를 부추길 우려가 있다고 하여 여자들의 입문을 달가워하지 않았는데, 그 우려가 현실로 나타난 것이다.

비구니들은 포교 활동을 하기 위해 방방곡곡을 탁발 다니면서 몸으로 중생을 구제하는 도를 깨우쳤는지 에도 시대에는 비구니가 매춘부로 통했다. 절로 돌아가지 않고 본격적인 매춘업으로 전업한 사람이 늘어나 비구니 촌을 형성한 곳도 있었다. 금지된 것에의 호기심을 유발하기 위해 일반 매춘부들도 비구니 복장으로 건달의 관심을 끌었던 모양이다. 비구니들과 관계하면 신사에 참배한 것과 다름없다는 자기 합리화 내지 자기 최면도 있었던 것 같다.

비구니들은 화대를 직접 손으로 받지 않고 히샤쿠(柄杓)라는 기다란 국자 모양의 용기에다 받았다. 신사에서 봉납금을 받을 때 손을 내미는 대신 국자로 받았는데 비구니들은 돈을 벌기 위해 몸을 공양한 것이 아니고, 또한 상대편이 화대로 돈을 주어도 그것은 신에게 바치는 봉납금의 일종이라고 믿고 싶어했다. 일본인의 그 유명한 다테마에(建前)와 혼네(本音), 즉 명분과 본심의 모습이 예서도 그대로 드러난다.

매춘을 전업으로 하는 비구니들은 문 앞에다 주걱을 세워 둠으로써 그런 집이라는 티를 냈다. 동부 아프리카의 마사이 족은 용맹스러운 투사로 유명한데, 여자를 공유했다. 사냥에서 먼저 돌아온 투사가 '목하 사랑 중'이라는 표시로 창을 집 입구에 세워 두면 늦게 온 투사는 다른 데 가서 알아봐야 한다고 했다. 비구니의 국자는 '목하 사랑 대기 중'이라는 사인으로 발상은 같다.

쇼진오토시(精進落)라는 일본말을 처음 대하고 그 의미를 헤아려 보려고 애를 썼지만 역부족이었다. 정진한다는 의미는 육식과 여자 관계를 금하고 단무지와 같은 종류의 채식을 하면서 도를 닦는 것을 나타내고 낙(落)은 그런 금욕생활을 그만두고 일상으로 돌아간다는 것을 말한다. 여담이지만 단무지를 다쿠앙이라고 하는데, 이는 아마도 에도 전기의 다쿠앙 소호(澤庵宗彭, 1573~1645)라는 선승이 말린 무를 소금과 겨에 절여서 누름돌로 눌러 먹은 데서 비롯된 것이 아닌가 한다.

산악에서 수일간의 수련을 끝내고 하산한 후 먹고 마시고 섹스를 하는 의례를 일컬어 쇼진오토시라는 점잖은 말을 쓴다. 숫총각은 이때 처음으로 유녀와 성체험을 하고 어른이 된다. 일본 불교는 겉으로 성을 부정하

일본 불교는 겉으로 성을 부정하면서도, 산사에서 수일간의 수련을 마치고 하산한 후 먹고 마시고 매춘하는 통과의례를 쇼진오토시(精進落)라는 고상한 말로 묵인하고 합리화해 왔다.

면서도 쇼진오토시와 같은 통과의례 형식을 빌어서 묵인한다. 종교적 수행과 매춘을 하나로 엮어 내는 아이디어를 가진 사람들이 일본인이다.

서울 인사동에 있는 산촌(山村)이라는 밥집에 가면 절 음식을 맛볼 수 있다. 일본 여기자와 함께 그곳에 찾아갔을 때, 그녀는 상차림을 보더니 아, '쇼진료리(精進料理)!' 하면서 관심을 보였다. 나는 장난삼아 음식보다는 '쇼진오토시'에 관심이 있다고 했으나 나이가 젊은 탓인지 그 의미를 모르는 듯했다. 서너 잔의 법주에 얼큰해져 그 의미를 소상히 설명했더니 그녀는 갑자기 절간에 온 색시처럼 말이 없어졌다.

신사 참배한 남자들이 떼지어 신사 앞에 즐비했던 매춘굴을 찾아가는 것도 쇼진오토시이다. 신사 참배와 외도가 아무런 저항감 없이 그대로 자연스럽게 이어지고 있음을 볼 수 있다. 이런 현상을 보면 신사나 사찰을 참배하는 것은 본래의 종교적 의미에서 변질된 일종의 행락 여행으로, 남자들이 참배 후의 집단적인 향락을 더 즐겼다는 것을 알 수 있다.

참배는 개별적으로 행해지기보다는 대개는 이웃끼리의 단체 여행이었다. 이것을 공간적으로 확대해 보면 70년대부터 본격화된 일본인의 해외 단체 매춘관광의 원조가 되는 것이다.

일본 유곽의 챔피언 격인 요시와라 유녀들도 돈독한 신앙인의 흉내를 냈다. 열심히 신불에 참배하여 새전을 바쳤다. 물론 이들은 돈깨나 있는 꾼들이 끊어지지 않기를 빌었을 터이다. 불교는 성을 비하시키고 유교는 생산 수단화했지만 성을 종교와 결부시키는 그들의 생각은 잠재의식으로 일본 서민들의 마음속에 오늘도 계속 남아 있을 것이다.

광란의 가장무도회

일본의 모방적 유럽화를 거론하는 데 있어 로쿠메이캉(鹿鳴館)을 빼놓을 수 없다. 영국인 건축가가 지은 르네상스 양식의 하얀 2층 건물은 1880년대 중엽, 도쿄의 명물이었다. 당시 외무장관이었던 이노우에 가오루(井上馨, 1844~95)가 서양 여러 나라에게 강요된 불평등 조약 개정 담판을 하기 위해, 일본도 이미 유럽에 비해 손색이 없는 문명국가임을 만천하에 보여 주는 문명의 전시장으로서 세운 것이었다.

로쿠메이캉 건설에 앞장섰던 이노우에 외무장관 부부도 이국적인 서양 건축물에 못지않은 별스러운 인물들이었다. 이노우에는 처자식이 있는 몸으로 가깝게 지낸 선배 나카이 히로시(中井弘, 1838~94)의 부인을 낚아챘다. 나카이는 당시로서는 드물게 영국, 미국을 방랑했던 당대의 기인으로서 재색을 겸비한 게이샤를 우연히 만나 부부의 인연을 맺었으나 이노우에에게 도둑맞고 말았다. 이노우에가 나카이에게 형수씨와 그렇게 되었다고 하자, "아, 그래. 잘 부탁한다."는 한마디만 남기고 횡허케 방랑길로 나서 버렸다고 한다.

유럽화의 상징물이 된 로쿠메이캉이라는 이름을 붙인 장본인이 나카이지만 그는 자기 아내를 후배에게 로쿠메이캉의 여주인공으로 빼앗겨야 하는 수모를 겪었다. 일본에서는 옛날부터 책, 꽃 그리고 여자는 자기 자신이 이 세상에서 가장 아끼고 사랑할 자신이 있으면 훔쳐도 좋다는 사회적 통념이 있었던 것 같다. 가장 서양화된 건축물에서, 서양을 흉내내는 무도회를 주최한 인물이 바로 유부남과 유부녀로서 눈이 맞은 인물들이라니!

이토와 이노우에뿐만 아니라 메이지 정부의 고관 '사모님'들 중 제법 세련되고 얼굴이 반반한 축들은 열에 열, 모두 게이샤 출신으로 생각해도 틀림없었다고 한다. 가난한 가정에서 태어난 미인이 출세할 수 있는 첩경은 게이샤가 되어 정부 고관이나 벼락 부자의 후처로 들어앉는 것이었다. 로쿠메이캉 무도회를 주름잡았던 일본 마나님들은 왕년의 게이샤 시절에 익힌 매너와 타고난 춤 솜씨를 한껏 발휘하여 서양 사교의 총아로 떠올랐고 그들의 부군들은 양장이 썩 어울리는 마누라의 자태에 으쓱해진 표정들이었다.

웃지 못할 해프닝은 기생집을 출입할 때 다정한 파트너였던 미녀가 하루 아침에 고관의 부인이 되어 로쿠메이캉 파티에서 우연찮게 맞닥뜨리는 순간이었다. 프랑스의 풍자 화가 G.비고가 그린 삽화를 보면 저간의 사정을 짐작할 만하다. 약간 아래로 눈을 내리깔고 고개를 반듯하게 세우고 낭군의 손을 잡고 오만하게 발걸음을 떼어 놓고 있는 그녀 앞에 설설 기는 나이 든 대머리 중늙은이가 감히 젊은 고관을 똑바로 바라보지도 못하는 이 광

하루아침에 고관의 부인이 되어 로쿠메이캉 무도회에서 마주친 왕년의 파트너(G. 비고 작).

경은, 여자 팔자는 뒤웅박 팔자라는 것을 그대로 보여 주는 기가 막힌 삽화
이다.

1885년 11월 3일 메이지 천황 탄생 기념 무도회가 로쿠메이캉에서 개
최되었다. 당시 대부분의 외국인들은 요코하마에 거주했던 관계로 정부
에서는 요코하마와 도쿄 간의 특별 열차편을 증설하여 이들을 실어 날랐
다. 수백 명의 초대 손님 중에 프랑스의 해군 대위 피에르 로티(Pierre
Loti)가 포함되어 있었는데, 그는 그날 밤의 광경을 주제로 하여 《가을의
일본》, 《일본의 부인들》이라는 저서를 후세에 남겨 현란한 파티의 정경
을 짐작케 해주고 있다.

일본 고관대작 부인들은 이 파티를 위해 일 년 전부터 매주 한 번씩 서
양인 댄스 교사한테 특별연수를 받았다. 이들과 한 바퀴 돌고 난 로티는,

춤은 대단히 정확하나 창의성이나 개성이 전혀 없고 마치 자동인형과 어울린 것 같았다는 소감을 피력했다.

4분의 3박자의 경쾌한 왈츠, 4분의 2박자의 약동적인 갤럽, 폴란드인의 전통적인 마주르카, 2박자의 경쾌한 폴카, 남녀 네 쌍이 추는 카드릴이라는 스페인 춤까지 소화해서 공자 앞에서 문자 쓰듯 유럽인에게 춤자랑을 했던 것이다. 목이 긴 하얀 장갑에 파리풍의 양장, 꽉 끼인 코르셋을 한 숙녀들이 소인국의 요정 같았다고도 기록하고 있다. 코르셋을 너무 조여 질식하여 죽는 사고도 있었다는 믿지 못할 소문도 있었다고 하니, 일본인들의 눈물겨운 서양 흉내는 거의 죽기 아니면 까무러치는 격이었다.

로티는, 로쿠메이캉을 프랑스 어느 온천지대의 카지노 건물과 유사하다고 혹평했다. 뿐만 아니라 로쿠메이캉의 야유회는 '터무니없는 희극'이고 유럽식 복장을 한 남자들의 꼬락서니는 영락없는 '꼬리 없는 원숭이'를 연상시킨다고 신랄하게 꼬집었다.

그러나 그는 그날 밤 만난 일본 숙녀들에게는 과장된 몸짓으로 세련된 문명인에 비해 조금도 손색이 없다고 알랑거렸다. 그러면서도 유럽식의 야회복을 입은 숙녀들이 집에 돌아가자마자 코르셋을 벗어던지고 일본 옷으로 갈아입고 젓가락으로 식사를 하려니 생각하면, 일본이 지향하는 유럽화는 웃기는 것이라고 빈정거렸다. 비고라는 프랑스 화가는 '원숭이 흉내'라는 삽화를 남겨 지금도 우리로 하여금 얄궂은 미소를 짓게 한다.

프랑스인이 숙녀에게 잘해 준다는 사실은 국제적으로 정평이 나 있다. 러시아에 있을 때 한 카페에서 우연히 동석했던 국제 콜걸들이 세계 남

문명개화의 상징으로서 한 시대를 화려하게 풍미하던 국제적인 사교 클럽 로쿠메이캉(鹿鳴館) 전경.

성들을 품평하는 이야기를 들은 적이 있었다.

　프랑스 남자는 화대를 받지 않고서도 봉사할 수 있을 정도로 멋있다는 찬사를 늘어놓았다. 중동 신사는 돈도 꽤 주지만 돈만큼이나 사람을 괴롭혀서 한 번 이상은 사양하겠노라고 하고, 한참 뜸을 들인 다음 그녀는 동양인이 제일 나은 것 같다고 했다. 정말? 하는 우리네들의 시선에 그녀는 "동양인은 돈은 많이 주고 시간은 짧으니까요." 라고 하면서 자리를 털고 일어섰다.

　나타샤라는 그 콜걸이 이토 히로부미(伊藤博文, 1841~1909)를 알고 지냈더라면 품평 내용은 완전히 달라졌을 것으로 생각된다. 이토는 역대 일본 정치가 중 알아주는 호색가이다. 이토는 도쿄 화류계에서 닥치는 대로 여자에게 손을 댄다고 해서 '천인 킬러'라는 별명으로 통했을 정도였다.

1896년 초 영국 신문과의 회견 시 "공창제도는 폐지해서는 안 된다. 도덕적으로도 이 제도가 있는 것이 좋다. 이 제도가 있기 때문에 유럽 부인 사회에서 흔히 있는 간통이 일본에서는 없다."고 하여 세계를 놀라게 했다. 같은 해 5월 러시아 황태자 대관식에 일본인 유지의 참가가 거부되었는데, 이유인즉 일본은 매춘을 인정하는 불결한 나라라는 것이었다. 문명개화의 선봉장이었던 이토는 머리는 개화가 되었는지 몰라도 배꼽 아래는 문명과 거리가 멀었나 보다.

1887년 4월 20일 이토 수상이 자신의 관저에서 400여 명의 신사숙녀를 초청하여 저녁 9시부터 새벽 4시까지 희대의 가장무도회(fancy-ball)를 개최하였다. 일본 정계와 재계의 거물들이 대거 참석했음은 물론이고 명목은 일본의 유럽화 정책을 추진하는 하나의 방안이라고 그럴듯하게 붙였다.

이토 부부는 베네치아 귀족 부부로, 딸은 이탈리아의 수수한 시골 처녀로 분장하고 손님들을 맞이하고 있었다. 서양 춤

안중근 의사에게 암살당한 이토 히로부미의 죽음을, 평소 호색가인 그의 염복에 빗대어 조소하고 풍자한 메이지 시대의 시사 만평(작자 미상).

을 배우고 서양식 무도회를 개최하는 명분이 불평등 조약 개정을 위한 국가적 목표 달성을 위한 것이라고 했지만, 로쿠메이캉 준공 4년이 지난 시점에서는 그 말이 별로 설득력이 없었다. 높으신 나리들과 마나님들의 스트레스를 해소하는 광란의 파티로 변질되어 갔고 나라의 장래를 생각하는 우국 지사들은 로쿠메이캉 춤파티를 '망국의 징조'라고 개탄하기에 이르렀다. 이토 수상의 가장무도회에 대한 시선이 고울 리 없었다.

성대한 가장무도회 끝에 묘한 염문이 신문에 게재되었다. 47세의 이토 수상과 30세의 도다 백작 부인과의 불륜관계가 제법 구체적으로 보도되었던 것이다. 도다 백작은 이토를 수행하여 유럽까지 다녀왔으며 평소 이토 수상을 가깝게 느끼고 존경해 마지않았다.

설마 했겠지. '인생 50'이라고 하던 시대이니까 47세의 이토는 오늘날의 기준으로 보면, 80줄에 들어선 노인이나 진배없었는데도 염문의 주인공이 되었으니 알아줄 만하다.

이토 수상 주최 가장무도회가 있은 지 한 달도 못 되어 도다 백작은 오스트리아 · 헝가리 제국 주재 특명 전권 공사로 발탁되어 임지로 떠나 버렸다. 당연한 일이지만 이들의 불륜 소문은 점점 더 사실로 굳어져 갔다.

사건의 진상이야 어떻든 간에, 일본의 처절한 문명국 흉내놀음은 처음의 의도와는 달리 변질되었다. 로쿠메이캉은 일본의 문명개화를 위한 이정표 위에, 어둠을 가르고 떨어진 하나의 유성과 같은 존재였다고 할지.

매춘부도 가지가지

일본의 매춘부 역사는 아마도 일본의 역사만큼이나 오래되었을 것이다. 기록에 나타나는 유녀의 역사는 지금부터 1,000여 년을 거슬러 올라가는 7~8세기경이다. 고대, 중세 그리고 근세를 통하여 일치되는 점은 매춘부는 언제나 사람의 왕래가 빈번한 길목에 있었다는 것이다. 나루터, 정거장, 역참, 큰 절이나 신사 부근이었다. 오늘날도 사정은 비슷해서 항구, 관광지, 역 주변에 그런 부류의 여자가 많다.

일본에서 흔히 유녀라 함은 일정 지역에 있는 유곽에 거처하거나 출퇴근하는 여자를 말하고 매춘부는 사창, 즉 비공식적으로 몸을 파는 여자를 지칭했다. 유곽에서는 유녀들 간에 다유(太夫)를 정점으로 고시(格子), 덴신(天神) 등 계급이 있었고 그들이 받는 화대도 천양지차였다. 행동거지가 헤프면 강등되기도 했다.

유곽에서 정년 퇴직한 퇴물은 개인 영업으로 나서거나 아니면 적당한 낭군을 만나 제2의 인생을 사는 행운을 잡기도 하고 더러는 병들어 골골하다가 외롭게 죽어 가야 했다.

조선 시대의 기생도 1패에서 3패까지 구분하였다. 1패는 제1급의 기생으로 노래, 시, 그림을 공부하여 관기로 활약하면서 고관들의 잔치에 참여하여 흥을 돋구었다. 2패는 '은근짜'라 하여 은밀히 매춘을 하는 기생의 무리이고, 3패는 일반적인 창녀를 지칭했다.

일본에는 매춘부에 대한 별칭이 자그마치 400여 가지가 넘는다. 여인숙에서 밥도 해주고 나그네 시중도 들어주는 부엌데기는 일종의 비공식 매춘부로서 부업으로 매춘을 하는 여인네를 말한다. 당국에서는 부엌데기를 한 집에 2~3명으로 제한하는 엄명을 내렸지만 주인은 조사 나온 관리에게 뱃사공 뱃머리 둘러대듯 그 제한수를 초과하는 여자들은 잠시 다니러 온 친척집 동생이라고 둘러대면 그뿐이었다.

매춘녀의 대표적 명칭은 논다니, 여우, 금고양이, 은고양이, 하얀 귀

요다카로 불리는 퇴물 유녀인 밤매들. 에도 시대에 밤거리에서 손님을 끄는 싸구려 매춘부로 주로 하급 무사, 노총각, 가난한 홀아비 등을 상대했다.

신, 새장 안의 새, 천신(天神), 매화, 목욕탕 여자, 석가, 사자, 붉은 옷 입은 사람, 비구니, 적자(赤子), 여인숙 여자, 밤매 등이다. 하얀 귀신은 분가루를 범벅으로 뒤집어쓴다고 해서 붙여진 별명 같다.

매춘부 중에서 가장 널리 알려진 존재는 요다카로 불리는 밤매이다. 매는 마을 부근의 하늘을 높이 돌다가 새나 병아리를 잡아가는 사나운 새다. 밤매는 에도 시대에 밤거리에서 손님을 끄는 싸구려 매춘부다. 한 번에 5,000원 정도였다는 기록이 있다.

매가 먹이를 찾아 촌가의 병아리를 넘보듯, 밤매는 동네 고샅으로 쏘다니면서 숙직하는 하급 무사, 나이 들도록 장가 못 간 떠꺼머리 총각, 팔자가 사나워 일찍 상처한 가난한 홀아비들을 상대로 그들의 마음과 육체를 위로해 주는 고마운 노릇을 했다. 밤매는 대부분 나이든 퇴물 유녀들이지만 먹고살기 힘든 과부들도 더러 있었다.

밤매는 머리에 수건을 쓰고 검은 무명 옷차림에 흰 띠를 둘렀다. 마치 여염집의 수수한 부인처럼 보이는 차림새였다. 이들은 불빛이 휘황찬란한 유곽에서 몸을 팔기에는 이미 한물간 여자들로서 40대에서부터 50대까지의 여인네들이 주종을 이루었다. 목구멍이 포도청이라, 젊어서부터 배운 짓으로 야밤에 돌아다니는 외로운 여자들이었다. 머리는 염색을 하고 얼굴에는 흰 분가루를 뒤집어써서 볼품없게 시든 몰골을 눈속임하고 지나가는 행인을 유혹했다.

밤매들의 필수품이라곤 널따란 깔개 하나면 족했다. 보리밭, 모래밭, 야외의 헛간, 원두막, 야적장, 어느 곳에서나 깔개를 깔고 남자들을 받아

일본 전통문화 축제에서 에도 시대의 매춘부로 분장하여 공연하고 있는 모습. 그 화려한 의상과 관능적인 포즈가 관객들의 시선을 끌고 있다. 일본에는 매춘부에 대한 별칭이 400여 가지나 된다.

들였다. 초원에서 몸을 맡기고 있을 때, 문득 별똥별이 하늘에 꼬리를 남기고 스러지면 아마도 밤매는 죽음에의 유혹에 진저리를 쳤을지도 모른다. 한적한 야외에서 밤매와 놀아난 녀석 중에는 그 얼량한 몇 푼 화대도 안 주고 튀는 녀석도 있었다. 여자 걸음도 걸음이려니와 옷매무새를 추스리고 따라가 잡는다는 것은 애시당초 글러터진 일이었다.

그래서 밤매들은 뻔뻔스러운 작자들이 튈 만한 길목에 건달을 두고 영업을 했다. 매를 꿩으로 보고 튀는 사람을 잡아 족쳐 몇 배 이상을 받아내기도 하였지만 후에는 일정한 곳에 아예 자리를 잡고 영업을 했다. 야외에 있는 가건물이나 야적장을 주로 이용하였다. 밤매들을 구경하기 위한 남정네들이 하나 둘 모이기 시작하자 장삿속이 빠른 친구들이 이들을 상대로 포장마차와 같은 간이식당을 만들어 메밀국수를 밤참으로 팔기도 했다.

밤매들을 주로 상대했던 자들은 아시가루(足輕)라는 최하급 무사들이었다. 이들은 대개 총각으로서 평시에는 잡역에 종사하다가 전시에는 병졸로 나서야 하는 신분이었다. 이들은 잠깐 짬을 내서 밤매들과 어울렸는데 그들은 맨몸에 훈도시 한 장만을 걸치고 다녔다.

아시가루는 주군의 저택에서 기거를 해야 하기 때문에 시간적 여유가 없어서 훈도시를 매일 빨 수가 없었다. 오늘날의 팬티와 같은 용도로 쓰였는데, 훈도시 차림으로 외출도 했으니 그 용도는 다양했다고 하겠다.

훈도시 한 개 가격이 쌀 서너 되를 살 수 있을 정도로 비싸서 아시가루와 같은 하급 무사들에게는 훈도시를 매일 갈아 차야 하는 것은 시간적으로나 경제적으로도 무리였다. 다행히도 이들을 상대로 한 세탁소가 있어서 더러워진 훈도시를 가지고 가면 세탁한 훈도시와 바꿔 주었다. 새것의 4분의 1 정도만 지불하면 되었다.

일본에는 귀신의 종류도 다양하고 미신도 많기도 하다. 훈도시와 관련된 미신으로는 여자가 감기에 걸릴 때 훈도시를 목에 감으면 쉽게 낫는다는 속설이 있다.

훈도시 차림의 남정네들이 유녀들과 어울려 춤을 추며 즐기고 있다(G.비고 작).

임신부가 훈도시를 배에 두르면 순산한다는 미신도 있다. 허리에 두른 훈도시를 잡고 산고의 어려움을 견뎌 내라는 남편의 무언의 격려의 표징인지 모르겠다.

훈도시는 보통 무명 옷감으로 만들었는데 그 길이가 6척(약 1.8m)이라고 하여 흔히 6척 훈도시라고 불렀다. 훈도시 명칭도 가지가지이고 점잖은 층에서는 '두르게'라고 했다. 지체가 높은 사람의 훈도시는 무명 대신에 견직물로 만들었는데 위생적으로는 단연 무명 옷감의 훈도시가 좋았을 것이다.

120cm, 90cm 훈도시도 있었지만 6척 훈도시가 일반적이었으며 1920년대까지 사용되었다고 한다. 특수한 훈도시로서는 오늘날에도 사용되고 있는 일본 씨름꾼의 그것을 들 수 있다. 오늘날 훈도시의 착용 풍습은 거의 사라지고 있다.

의관을 중요시하는 동방 예의지국의 조선통신사들이 훈도시 차림의 하층민들을 보고 눈살을 찌푸렸음은 말할 것도 없고 일본인들은 한심한 상것들이라는 이미지를 굳혔다고 본다. 이런저런 이유로 일본인들은 근세 이전에는 조선의 식자들에게 철저히 외면당할 수밖에 없었다.

푸른 눈에 비친 우키요에

　지금부터 120년 전쯤 프랑스에서 일본 우키요에(浮世繪)에 매료된 젊은 화가 지망생이 있었다. 1878년 파리 만국박람회에 출품된 일본 미술품에 매료된 조르주 페르디낭 비고(Georges Ferdinand Bigo, 1860~1927)는 우키요에의 나라, 일본을 동경하게 되었다. 다양한 색채의 현란한 목판화에 깊이 빠려들었다. 이미 프랑스 화단에는 일본 미술 애호 취미라 할 수 있는 자포니즘의 높은 파도가 한바탕 휩쓸고 지나간 터였다.

　비고는 정통적인 회화 공부를 하면서도 표현에 갑갑증을 느끼고 있던 터라 이국적인 우키요에가 풍기는 영감이 섬광처럼 그의 마음을 뜨겁게 스쳐 지나갔다. 일본의 마력에 끌려 일본행을 작심하고 비자를 신청했으나 좀처럼 비자를 발급받지 못해 안절부절했다.

　다행히 일본 대사관 무관의 도움으로 가까스로 일본 방문이 실현되어 1882년 1월 26일 꿈에도 그리던 일본땅, 요코하마에 도착하였다. 그의 나이 22세 때였다. 여행객으로 왔던 비고가 1899년 귀국시까지 자그마치 18년간이나 일본에 눌러앉게 될 줄은 그 자신도 짐작조차 못했다.

비고는 일본에 도착한 날부터 일본인들의 살아가는 모습을 화폭에 담기 시작하였다. 할 수만 있다면 일본에 오래 머물면서 이상한 나라의 풍경과 풍습을 화폭에 담고 싶었다. 1870년대 초에 프랑스에 유학한 지불 인사 오야마 이와오(大山巖) 육군대신에게 일자리를 부탁하였다. 오야마는 청년 비고의 일본 사랑과 그 재능을 기특하게 여겨 육군 사관학교 회화 교수로 추천하였다. 오야마는 당시 육군대신과 참모본부장을 겸직하고 있는 실력자로서 이 정도의 배려는 식은 죽 먹기나 다름없었다.

비고는 청일전쟁 발발 시 영국 《그래픽》 잡지의 통신원 자격으로 서울을 방문하여 3개월 동안 체류하면서 조선을 스케치하기도 하였다. 그의 보도 사진과 스케치는 일본과 영국의 신문과 잡지에 게재되어 청일전쟁의 전황을 알리는 매체 역할도 하였다.

1895년 35세의 비고는 일본 여성과 결혼했다. 혈기 왕성한 20대 초반에 일본에 온 그가, 그동안 무엇을 하고 귀국을 불과 4년 정도 앞두고 왜 때늦게 장가를 들었을까? 비고는 예쁜 여자가 주변에 너무 많았기 때문이라고 너스레를 떨었다.

비고는 일본 성(性)의 간판 격인 요시와라를 가끔 방문하여 게이샤들과 수작을 주고받는 것을 즐겼다. 요시와라를 출입하면서 게이샤와 창부의 일상생활과 요시와라의 단골들인 고관과 졸부들의 모습을 풍자적으로 그려 《일본 소묘집》을 발간하였다. 그의 풍자화는 메이지 중기의 일본과 일본인을 묘사한 귀중한 자료로서 높이 평가받고 있다.

비단 비고뿐만 아니라 당시 일본에 거주하던 외국인이 가장 흥미를 느

프랑스의 화가 조르주 페르디낭 비고가 그린 자화상과 모델. 비고는 우키요에에 매료되어 18년 동안 일본에
체류하며 요시와라 유녀들과 그곳의 단골인 고관 및 졸부들의 모습을 풍자적으로 그렸다.

낀 곳은 요시와라와 그곳의 여인네들이었다. 독일, 스위스에서 온 기자
와 화가들이 일종의 관광지를 찾는 기분으로 그곳에 들러 요시와라를 주
제로 글도 쓰고 그림도 그렸다. 그들의 일치된 견해는 유곽치고는 질서
가 있고 매우 깨끗하다는 것이었다.

  일본인 작가들도 요시와라를 주제로 여인의 애환을 그렸다. 화류계에
서의 놀이와 익살을 묘사한 풍속 소설책 샤레본(洒落本)이 널리 읽혔다.
일본 문단에 혜성처럼 나타났다가 24세의 젊은 나이로 사라져 버린 비운
의 소설가 히구치 이치요(樋口一葉, 1872~96)도 요시와라 유곽 주변의
이야기를, 특히 어린아이가 어른의 세계에 들어감으로써 잃어 가는 인간
적인 것에 대한 애수를 묘사했다. 첫사랑에 실패하고 가난에 찌든 삶이

요시와라에 따뜻한 관심을 갖게 했을 것이다.

눈치 빠른 독자들의 머릿 속에는 벌써 '청춘을 불사르고' 수덕사에서 여승으로서 생애를 끝마친 김일엽(金一葉) 스님의 모습이 스쳐 지나갔을 것이다. 김일엽은 히구치 이치요가 타계하던 해에 태어나 일본에서 유학하고 여성 해방과 자유 연애를 구가한 신여성이었다. 결혼에 실패하고 자유 연애에 환멸을 느낀 그녀는 중년에 입산수도의 길로 들어섰다. 언제부터 그녀가 김원주라는 본명 대신에 일본 여류 소설가의 별명인 '일엽'을 필명으로 썼는지는 분명하지 않다.

비고가 흥미롭게 여긴 유녀들의 습관은 아침에 일어나 세수한 다음 깨끗이 차려입고 두 손을 가지런히 모으고 신단에 기원하는 모습이었다. 비고의 작품 〈게이샤의 하루〉에 나오는 '아침 기도'를 보면 "신이여! 통 큰 손님들이 와서 돈을 팍팍 쓰게 하기를!"이라는 설명이 적혀 있다. 두 손 모아 기원하는 유녀 옆에서 포주가 담배를 아침부터 피워대는 꼬락서니를 보니, 이즈음 게이샤의 수입이 신통치 않았던 모양이다.

비고는 이외에도 창부가 손님을 기다리고 있는 모습이나, 오이란으로 불리는 게이샤 우두머리의 화려한 행차 등을 많이 그렸다. 그림으로 선심을 쓴 총각이 맨송맨송하게 그냥 지나치지 않았을 것이라는 짐작은 어렵지 않다.

요시와라의 유녀들에게 정년이 있다는 게 그에게 매우 신기하게 생각됐던 모양이다. 한창 물 찬 미인들이 18세부터 10년간은 불특정 다수의 남자들을 위해 봉사하고 28세부터는 제2의 삶을 시작하기 위하여 지아비를 정하여 요시와라를 떠나는 유녀들의 모습을 그는 특별히 눈여겨보았다.

일본 정부에서는 1860년대부터 외국인에 대한 테러 방지와 일본 여성들의 순결 보호를 위해 요코하마에 외국인 전용 유곽을 설치하였다. 외국인들은 요시와라도 이용하지만 가끔은 외국인 전용 창녀들도 상대했는데, 이들은 여자들을 자기 집으로 불러 일주일이고 열흘이고 데리고 놀았다. 창

G.비고가 그린 〈게이샤의 하루〉 중 '아침의 기도'. 아침마다 유녀들은 '통 큰 손님'들이 많이 오기를 신단에 기도했다.

녀들의 출장 제도가 마련된 셈이었다. 포주들은 이들을 양코배기 집까지 데려다 주고, 신물을 내면 다시 데리고 왔다. 국수적인 일본인들은 서양인만을 상대하는 유녀나 서양인의 현지처 노릇을 하는 여자들을 '라샤멘'으로 부르며 경멸했다. 비단 스카프(羅紗綿)로 얼굴을 가리고 서양인 집을 들락거린다고 해서 그렇게 불렀는지 모른다.

1862년 여름, 사쓰마의 무사에 의해 영국인이 살상당한 나마무기(生

麥) 사건이 발생하였다. 이 사건을 계기로 영국 함대가 사쓰마를 공격함으로써 조야에 서양 오랑캐에 대한 반감이 일시적으로 거세졌다. 이 같은 분위기는 이상 기류처럼 몸을 파는 여자들에게까지 번져 창녀들이 서양인 손님을 거부하기에 이르렀다. 가당찮은 애국심 때문에 장사를 망치게 된 포주는 창녀들로 하여금 서양인을 받도록 윽박질렀다. 그러자 한 창녀는 "나는 천한 창녀이지만 그래도 일본의 여인이다. 외국인이 내 몸을 사겠다고 하지만 어찌 일본 여인의 정조를 더럽힐 수 있으랴." 하는 요지의 유서를 남기고 자살해 버렸다.

G.비고가 그린 〈영어와 일본어 레슨〉. 당시 일본에 거주했던 외국인들은 너나 할 것 없이 일본 여자를 현지처로 거느렸다.

비고도 라샤멘을 주제로 〈영어와 일본어 레슨〉이라는 풍자화를 남겼다. 대머리에 도수 높은 안경을 낀 노인네 무릎에 앉아 있는 처자의 입성이 보통 여자가 아니라는 것은 금방 알 수 있다. 헤어스타일이 신식이다. 100년 전의 스타일이라기보다는 요즈음 흔히 볼 수 있는 그런 것이 아닌가. 당시 일본에 거주했던 외교관이나 외국 사업가들은 너나 할 것 없이 일본 여자를 현지처로 거느렸다.

비고의 풍자화는 '천국과 지옥 관람'이라는 메타포를 떠오르게 한다. 호색한이 죽어서 저승에 갔더니 저승사자가 천국과 지옥을 구경시켜 주겠다는 선심을 썼다. 천국이나 지옥이나 똑같이 비고의 작품에서와 같이 노인네가 젊은 아가씨를 무릎에 앉히고 있는 모습이었다고 한다. "똑같잖아?"라고 물으려는 호색한에게 저승사자가 이르기를 "그래, 겉모습은 똑같지. 그러나 노인네한테는 천국이고 젊은 아가씨에게는 지옥이 되겠지." 하더란다. 양기가 쇠하여 젊은 시절의 그때를 상상만 하고 있는 노인네의 무릎에 앉아 있는 뜨거워진 아가씨는 죽을 지경일 터이니 지옥과 다름없을 것이다.

비고는 1899년 가을, 39세의 중년 나이로 일본인 처와 이혼을 하고 그 사이에 태어난 아들만을 달랑 데리고 사요나라를 연발하며 귀국선을 타고 말았다. 귀국한 그해 연말에 프랑스 여성과 재혼했으니, 그는 결국 프랑스 여인네의 품속으로 회귀하고 만 셈이다. 일본에서의 생활은 그에게 어떤 의미를 갖고 있을까.

비고는 파리 교외의 자택에 일본식 정원을 꾸며 놓고 두고 온 일본 여인과 일본 예술에 대한 그리움을 삭이다가 67세의 나이로 생을 마감했다. 그는 갔지만 그가 남긴 많은 작품이 당대의 일본을 생생하게 우리에게 전해 주며 마침내는 한국에까지 작은 편린이나마 소개되고 있으니 예술은 영원한 것인가 하는 생각을 하게 된다.

공부하는 일본인, 벤쿄카이

'가리유키', '오우코'. 우선 발음만 들으면 일본어로 착각할 만하다. 그러나 이 말은 일본으로부터 아득히 멀리 떨어져 있는 동부 아프리카, 특히 탄자니아와 케냐에서 쓰이고 있는 스와힐리어이다. 발음의 유사성 때문인지 케냐인 일본 전문가의 일본어 실력은 깜짝 놀랄 만한 수준이다. 반대로 일본인들도 스와힐리어를 곧잘 한다.

일본인들은 배우기를 참 좋아하는 사람들이다. 저런 것을 배워 언제 써먹을 수 있을까 싶은 말이나 외국의 풍습 등을 배우고 연구한다. 전문가가 그렇다면 이해할 법도 하지만 멀쩡한 직장인들이 다니던 직장을 미련 없이 때려치우고 아프리카와 인도를 수년씩 방랑하면서 현지어를 익히며 그곳의 풍물에 빠져드는 걸 보면 고개가 갸웃해진다.

케냐에도 '호시노 학교'라는 일본인을 위한 스와힐리어 학원이 있다. 만주 벌판과 인도를 수년씩 헤매고 다녔던 호시노 부부가 케냐의 수도 나이로비에 정착하여 일본 청년들에게 스와힐리어와 동부 아프리카 역사를 가르치는 사설 학원을 개설하였다. 1년 과정으로 한 번에 10~15명 정도 선발한다. 우리나라의 외국어 대학에 스와힐리어과가 설치되기 10년 전부터 '호시노 학교'가 문을 열어 아프리카 연구가를 배출하였다.

이 학교 출신들은 현지에 진출한 일본 회사, 특파원, 교수, 연구가로서 활동하고 있으며 도쿄에서는 한 달에 한 번씩 모여 '아프리카 공부회'라는 모임을 갖고 최신 정보를 교환한다.

나도 케냐에서 4년간이나 근무하는 동안 그곳의 자연과 사람들에게 정을 느끼며 살았지만 나이로비를 떠난 다음부터는 아프리카에 대해 거의 관심도 두지 않았는데, 저들은 지금도 정기적으로 아프리카 연구 모임을 갖는다. 끈질긴 사람들이다. 도쿄에 있을 때 가끔 명예회원 자격으로 그 모임에 나가곤 했다.

일본 사람들은 직업에 구애됨이 없이 여러 종류의 공부 모임을 많이 갖는다. 아프리카 전문가나 검은 대륙으로부터 최근 귀국한 사람을 초청하여 현지 정세 등을 듣기도 하고 어떤 책을 읽고 와서 토론을 하는 독서회 성격의 모임도 있다.

참석자의 직업이 다양한 만큼 그 모임에서 나오는 견해도 다양하다. 지식과 정보를 나누는 지적인 사교 클럽이라고 할 수 있다. 신입 사원에서부터 사장, 회장에 이르기까지 자기 나름의 공부 모임을 반드시 갖고 있다.

한국, 중국 그리고 일본, 동양 3국은 한자 문화권에 속하나 그 한자의 쓰임이 반드시 같지는 않다. 예컨대 '애인'이란 단어는 중국에서는 부인을, 한국에서는 대개의 경우 연인을 의미하나 일본에서는 정부를 지칭한다. 중국이 한자의 종주국이지만, 국제법이나 자연과학 용어에서는 일본 사람들이 만든 새로운 조어가 중국으로 역수입되어 사용되는 것이 많다. 국민, 인민, 공화국 등 이러한 단어들은 일본인들이 서양 사회과학 원서를 번역할 때 처음 만든 신조어였다.

'공부하다'는 단어도 동양 3국이 전혀 다르다. 한국에서는 공부(工夫)라고 쓰지만 중국은 염서(念書)라 한다. 일본 사람은 무엇을 궁리한다고 할 때 공부라고 쓰고 정작 우리말의 공부하다는 벤쿄(勉强)라고 한다. 따라서 공부 모임을 일본인들은 벤쿄카이(勉强會)라고 한다.

한 번은 일본에 부임한 지 얼마 안 되는 존조 탄자니아 대사를 연사로 초청한 '아프리카 벤쿄카이'에 참석한 적이 있다. 일본 사람들은 작은 공부 모임에서는 대개 참석자의 이름과 직업이 명기된 리스트를 사전에 강사 앞에 가지런히 가져다 놓는다. 강사에 대한 예의이기도 하고 참석자의 수준을 알리는 방법이다.

리스트를 대충 훑어보던 존조 대사가 별안간 쿡쿡 웃어대기 시작하였다. 영문을 모르고 어리벙벙해진 우리를 향해 미스터 추를 찾는다. 재일 교포이다. 하하하, 대사는 끝내 웃음을 참지 못하고 대사라는 신분을 아랑곳하지 않고 한껏 웃어대기 시작했다. 'Mr. Choo'는 스와힐리어로 'Mr. Toilet'라고 하지 않는가. 이곳저곳에서 '아, 구려, 구려'하는 우스갯소리가 방귀 냄새 퍼지듯이 강연장으로 번져 나갔다.

강연 후 저녁 식사를 겸하여 한잔씩 하는 자리에서 존조 대사는 옆자리의 이케다에게 출신지를 물었다. 구마모토라는 대답에 그는 "구마모토라고?" 구시렁거리며 우물쭈물한다. 뭔가를 아는 다른 친구들이 쿡쿡 웃었지만 정작 존조 대사는 말이 없고 이케다는 갑갑해서 죽겠다는 표정으로 미간을 타고 미끄러져 내린 앞머리를 연방 치켜 올렸다. '구마'는 스와힐리어로 여자의 성기를 말하고 '모토'는 뜨겁다는 뜻이니 존조 대사가 아무리 얼굴이 두껍고 표정을 드러내지 않는 검은 얼굴의 신사이지만, 숙녀 앞에서 어떻게 그것을 설명할 수 있겠는가. 그 후부터 구마모토 출신의 일본 여성을 만나기만 하면 스와힐리어로 그 의미를 설명해 주고 싶어 혀끝이 간질간질하다.

일본인들은 탐구심을 전 인생을 통해서 갖고 있는 것 같다. 그래서 수도 없이 많은 벤쿄카이를 조직하고 기꺼이 참석한다. 우리 민속에 대한 연구 모임도 꽤나 많다. 60줄에 접어든 어느 노인의 벤쿄카이 참가의 변은, 치매를 방지하기 위해서라고 한다. 어떤 대상에 대해 꾸준한 지적 관심을 가지고 독서하고 사색하면 치매는 염려없다는 설명이다. 그럴 듯한 말이다.

일본의 종교의식

　　일본인은 다신의 세계에 살고 있다. 전혀 저항감이 없이 신토와 불교의 세계를 넘나든다. 그들은 유일 절대신을 인정하지 않고 그러한 교리를 신봉하는 사람들을 이상스럽게 여기기조차 한다. 절대의 신, 절대의 진리를 거부하는 것이 평균적 일본인의 생각이다. 오늘날 일본에 큰 절이나 커다란 불상이나 신사가 남아 있는 것은 신앙심이 돈독했다는 증거가 아니라 독재 군주의 세력이 컸다는 징표일 뿐이다.

　　상대적이고 현실 상황주의적인 가치관을 추구하는 성향 때문인지 일본에서 유일신을 신봉하는 기독교는 제대로 뿌리를 못 내리고 있는 인상이다.

　　1549년 포르투갈 예수회 소속 사비에르 신부가 일본에서 선교활동을 개시하여 불교계의 저항에도 불구하고 상당한 성과를 거두었다. 물론 일본인들은 기독교를 단순히 신앙의 대상으로만이 아니라 그들 특유의 지적 호기심의 대상으로 간주하기도 했다. 흔히 일본 사가들은 기독교와 포르투갈 및 네덜란드 문화가 유입된 이 시기를 일본의 제1의 개국기라고 부른다. 개국기에 걸맞게 1590년 후반에는 라틴어, 포르투갈어와 일본어 대역 사전이 편찬되었다.

제1개국은 도쿠가와 이에야스의 막부 등장으로 쇄국과 더불어 기독교 탄압으로 끝나고 말았다. 막부에서는 기독교 신자 적발을 위해 여러 가지 방법을 고안하였다. 그중 하나가 예수나 마리아가 그려진 동판이나 나무판을 놓고 그 위를 한사람씩 건너가도록 한 것이다. 이 그림을 후미에(踏繪)라고 부르는데 후미에를 밟고 지나가기를 거부하거나 주저하면 신자로 간주하고 처벌하였다. 이와 같은 탄압에도 불구하고 1630년경에는 기독교 신자가 30만으로 늘어났다. 그런데 지금은 고작 100만 안팎이라고 한다.

러일전쟁 때 여순 방면의 해전에 참가한 미즈노 히로노리(水野廣德, 1875~1945)라는 영관급 지휘관이 있었다. 그는 해군사관학교 시절 이순신 장군 연구에 심취한 적이 있고 비록 조선의 장수였지만 군인으로서 이순신 장군을 마음속 깊이 존경했다. 러시아와의 일전을 앞두고 그는 같은 동양인인 이순신 장군에게 도와주기를 마음속으로 빌었다.

그에게 있어 이순신 장군은 바다를 주름잡는 해신이었다. 그는 작전에서 살아남았다. 우리 한국인에게는 결코 기대할 수 없는 행위이다. 비슷한 외양과는 판이하게 다른 사람들이 일본인이다. 한일 간의 출발점은 바로 '서로 다르다.'는 전제에서 시작되어야 한다.

미즈노는 제1차 세계대전 직후 미국과 유럽을 시찰하던 중 전쟁의 참상을 직접 목격하고 군국주의에 환멸을 느껴《군인 심리》라는 저술을 남기고 제대해 버렸다. 그 후 그는 열렬한 평화주의 군사 평론가로서 군비 철폐, 군인의 정치간섭 반대, 미일전쟁 반대론을 주장하여 군부의 감시 하에 놓이기도 하였다. 일본의 패전 직후인 1945년 10월 그는 영원한 평화를 찾아 타계했다.

일본인은 상황적인 현실주의를 추종하고 이렇다 할 종교를 갖고 있지 않은 사람들처럼 보인다. 제3자가 보기에는 그들의 종교는 개인적 차원에서는 시고토(仕事)라고 불리는 '일' 그 자체가 아닌가 한다. 일본 국민 전체로서는 일본, 곧 일본을 상징하는 천황으로 수렴된다.

시고토는 우리말로 번역하면 일, 하지 않으면 안 될 것, 직업, 직무 등이 된다. 뜻이야 우리말과 별로 다를 것이 없지만 일에 대한 태도는 영 딴판이다. 저들의 일에 대한 자세는 수도승을 연상케 하는 진지함과 절차탁마하는 자세를 느끼게 한다.

아무리 힘들고 시간이 많이 걸려 보이는 것도 '일인데요, 뭘' 하는 대답 속에는 모든 감정이 배제되고 오로지 일 그 자체만 남는다. 물불을 가리지 않고 모든 가치 판단을 중지하고 오로지 일의 수행 방법에만 몰두하게 된다.

일본인에게 있어 일할 자리가 없어진다는 것은, 삶의 보람과 의미가 송두리째 사라지고 마는 것을 의미한다. 일종의 일 중독증이다. 도쿄 중심부에 있는 일본의 관청가는 그야말로 불야성이다. 어느 때쯤에는 서구의 여러 나라가 일본을 향해 '일 좀 작작해라.' 하며 항의 아닌 항의를 공식적으로 할지도 모른다. 마치 일을 하기 위해서 이 세상에 태어난 사

센카쿠지의 우물. 억울하게 죽은 주공의 원한을 풀기 위해 47명의 사무라이들이 잘라 온 원수의 목을 이 우물에 씻어 주공의 무덤에 바치고 스스로 자결하여 오늘날까지 무사도의 귀감이 되고 있다.

람들 같다.

도쿄의 단골 이발집 부부의 일에 대한 태도도 퍽이나 인상 깊었다. 두 번째 갈 때부터는 한 마디도 묻지 않고 처음 갔을 때와 똑같은 스타일을 재현한다. 마치 몇 년이나 된 단골처럼 느끼게 한다. 그 비결이라는 것이 사실은 아주 간단했다. 처음 갔을 때 손님의 개인 파일에 두상을 그린 다음 스타일, 사용하는 기름, 이발 빈도 등 자질구레한 사항을 다 기입해 놓고 다음부터는 그것을 보면서 이발을 한다. 단골이 될 수밖에 없도록 일 처리를 한다. 일본인은 매사가 이런 식이다.

홍등가의 아가씨들도 마찬가지라고 한다. 몸을 파는 것이 뭐가 그리 대단한 일이라고 그렇게 지성스럽게 하느냐고 하겠지만 그들은 그렇지 않다. 손님으로 하여금 전혀 본전 생각 안 나게 열심히 봉사하고는 헤어 질 때도 조금도 쑥스러워하지 않고 당당하게 자기 명함을 내민다고 한 다. 오히려 명함을 받아 든 객의 손길이 자연스럽지 못하다. '내가 이런 데서 몸이나 팔 사람인가, 팔자가 더러워서 할 수 없이 하는 짓'이라는 자조적 태도를 보이지 않고 이왕 하는 것이라면 열심히 해서 입신(入神) 의 경지에 도달하고자 한다.

신흥 종교 집단의 신도들이 교주의 지시에 군말 없이 따르듯이 일본인 은 일이라고 하는 종교의 계시를 무작정 쫓고 있다. 일을 통해서 귀신의 경지에까지 이르려고 한다. 일이라는 깃발 아래서 '눈먼 소 워낭 소리 듣 고 따라가듯' 매진한다. 알래스카의 들쥐 레밍은 선두가 바닷속으로 뛰 어들면 뒤따르는 무리 전체가 그대로 떨어져 죽고 만다고 한다. 일본인 을 레밍에다가 직접 비유하기는 어렵지만 비슷한 성향이 있는 것만은 틀 림없다.

일이라는 명분 때문에, 국가와 회사를 위한다는 일 때문에 다른 나라 나 다른 그룹에 대해서 집단적인 잔혹성을 보이기도 한다. 선악의 판단 기준이 자기들끼리의 논리로 측정된다. 일본인의 기준에서 보면, 자신 이 속해 있는 세계에서 평가받고 존경받으면 그것으로 충분하다.

중국 속담에 "한 마리의 개가 잘못 짖어대면 천 마리의 개들이 짖어댄다."는 말이 있는데, 집단주의가 유별난 일본에 있어서는 지도자나 국가 정책의 방향이 매우 중요한 의미를 갖는다. 일본은 남을 배우고 모방하는 데 있어서는 모범생이나, 앞장서서 리드하는 데 있어서는 어설픈 것 같다. 양식 있는 소수의 목소리가 대중에게 제대로 전달되지 않기 때문이다.

조상신을 모시는 신토(神道)는 불교와 함께 일본인들에게 소중한 종교 형태로 남아 있다.

봉건 시대의 일본과 21세기에 접어든 지금 시점에서의 일본은 본질적으로 크게 달라진 것이 없어 보인다. 영지에서는 사무라이들이 주군에게 충성을 다했다. 시대가 달라지자 왕년의 사무라이들은 칼을 버리고 주판을 익히고 다음에는 전자 계산기를, 그리고 지금은 개인 컴퓨터를 들고 다니는 회사원으로 둔갑하여 회장에게 충성을 다한다. 영주가 차지하고 있던 자리에 회장이 들어앉았다고 하면 틀린 말일까. 회사원들의 충성을 유도해 내는 논리가 바로 일이라는 종교적 관념이다. 세상에서 종교적 신념에 투철한 사람만큼 무서운 자는 없다. 패전 반세기 만에 세계 두 번째의 경제 대국을 이룩했던 것도 이와 같은 맹신적인 정열에 힘입은 바 컸을 것이다.

회사 경영주는 작은 천황과 같은 존재이다. 비단 회사뿐만 아니라 일본의 어떤 조직에도 작은 천황과 같은 존재가 있게 마련이다. 개인이 속한 사회의 천황을 중심으로 무수한 동심원의 세계를 형성하고 있는 나라가 바로 일본이다.

일본인의 종교적 의식은 일이라는 매체를 통해 회사와 국가의 차원으로까지 확대되는 것이 아닌가 하는 생각이 든다. 일본인이 존재하는 한 천황제는 유지될 터이고 천황제가 있는 한 일본인들은 존재하고 그들은 일을 통해서 피안의 세계로 행진할 것이다.

외화벌이에 나선 기모노

영국의 극작가 버나드 쇼(1856~1950)가, "남성의 최대의 행복은 미국인 걸 프렌드, 프랑스인 애인, 일본인 아내를 얻는 일"이라고 했던가. 일본 여성의 순종과 부드러움이 일본 문화의 상징으로서 통하던 시절의 이야기이다. 일본 여성은 겉보기와는 달리 상당히 강인한 데가 있다. 자기 억제가 강하기 때문에 양순한 듯하지만 어떤 상황에 부딪치면 한몫을 단단히 했다는 것은 일본 역사가 보여 주는 바이다.

막부 말부터 만주와 동남아를 누비고 다녔던 기모노 차림의 창부는 일본 여성의 숨겨진 일면을 여실히 보여 주고 있다. 가라유키(唐行)로 불려진 이들은 중국, 동남아는 물론 멀리는 아프리카 잔지바르까지 가서 몸을 팔아 외화를 벌어들였다.

가라는 옛날의 대표적인 외국인 조선과 당나라를 지칭하는 말이었다. 그래서인지 당(唐)과 한(韓)을 다 같이 '가라'라고 발음했고 중국과 조선에서 전래된 문물에는 으레 '가라'라는 접두어가 함께 쓰였다. 후에는 외국이라는 의미로 '가라'가 일반적으로 쓰였다. 가라유키, 즉 외국으로 나가서 몸을 파는 여자들의 별칭으로 사용되었다. 또 낭자군이라고도 불렀다. 한때 우리 여자 농구팀이 해외에서 명성을 날릴 때 아나운서가 중계를 하면서 "대한민국의 자랑스러운 낭자군" 운운할 때 고소를 금할 수 없었다.

일본에는 17세기경부터 가난한 시골 아가씨들을 사냥해서 유곽으로 팔아넘기는 인신 매매업자들이 있었다. 제겐(女衒)으로 불려지는 이들은 비단 일본 국내에서만 암약했을 뿐 아니라 위조 여권도 만들어 동남아 각지에서 매춘집을 경영하고 있었다.

가라유키와 인신 매매업자들은 나중에 일본 제국주의 전쟁 계획에 가담하여 과다한 국방 헌금을 마다하지 않았고 때로는 일본군을 위해 스스로 정보 활동까지 했던 충실한 제국주의 전위대들이었다. 특별한 천연자원이 없는 일본으로서는 여성들의 육체야말로 정보수집과 주요한 외화 수입의 수단이었고 이들을 목적에 이용한 예라고 하겠다.

1901년 군사 지원을 목적으로 상류사회 부인들을 중심으로 결성된 애국부인회라는 단체에 가라유키들이 경쟁적으로 가입하였다. 특히 애국부인회 해외지부 회원들은 대부분 이들로 메워졌다. "사람 위에 사람 없고 사람 아래 사람 없다."는 고상한 문구를 유행시켜 일본의 양심으로 일컬어지는 후쿠자와 유키치는 양갓집 아가씨들을 보호하기 위해서 공창제도의 불가피성을 주장했다. 더 나아가 식민지 정책을 수행하기 위해서는 가라유키가 필요하다고 했다. 우리에게 잘 알려져 있지 않은 후쿠자와의 또 다른 일면이다.

패전 직후 일본의 경제 사정은 참담했다. 식량 배급이 제대로 안 되어 굶는 것이 다반사였고 배급 쌀의 뒷거래가 사회 문제가 될 정도였다. "법의 위신에 철저하지 않으면 안 된다."면서 일체의 암거래 쌀을 거부한 판사가 1947년에 영양실조로 사망하기도 하였다. 뿐만 아니라 주택난이 심각해서 비좁은 방에서 여러 식구가 같이 생활해야 했기 때문에 부부들이 둘만의 오붓한 시간을

외국인을 상대하는 여자는 '양 팡팡'으로, 그리고 그들이 쓰는 혀 짧은 영어는 '팡글리시'라고 지칭했다(G.비고 작).

갖기가 어려웠다. 그래서 이들은 토요일 저녁에는 값싼 여관에서 하룻밤을 보내면서 부부의 정을 두텁게 했다고 하여 '토요 부인'이 유행했다.

먹고 살기가 어려워지자 여자들이 다시 길거리로 나섰다. 이들의 활동 무대는 경찰이 지도에 붉은 줄을 그어 놓았다고 하여 적선(赤線) 지대라고 불렸다. 적선 지대의 꽃명은 '팡팡 걸'로 명명되었다. '팡팡'이란 말은 남양 군도의 토착어라고 하는데 어떻게 일본 밤거리의 꽃명으로 사용되게 되었는지 알 수 없는 노릇이다.

꽃은 종류가 많은 법이다. 미군 등 외국인을 상대하는 창녀는 '양 팡 팡'으로, 그리고 그들이 쓰는 혀 짧은 영어는 '팡글리시'라고 했다. 양공 주, 양색시는 그나마 우아한 표현이다. 일본인은 분석적이다. '양 팡팡' 중 특정의 미군 장교와 비교적 오랫동안 관계를 갖는 경우에는 오운리 (only)로, 그렇지 않고 이 남자 저 남자 품으로 옮겨 다니는 팡팡은 버터 플라이(butterfly), 즉 나비부인이라 했다.

양 팡팡의 증가에 따른 자연 현상으로 혼혈아가 일본사회에 주근깨처 럼 나타나기 시작했다. 〈아사히신문〉은 1960년 7월 11자 '천성인어(天聲 人語)'란에서 전쟁의 비극적인 상흔으로서 혼혈아의 사회 문제를 심각하 게 거론했다. 패전 후 15년이 경과한 시점에서 이제는 자중할 때가 되었 다고 호소하였다.

어느 정도 먹고 살 만큼 되자 일본 남자들은 한국, 태국 등으로 섹스 단 체관광에 나섰다. 이는 기생관광으로 우리에게 잘 알려져 있다. 매춘 관 광은 일본 경제의 고도 성장이 일단락되었던 1970년대에 절정을 이루었 다. 여성과 시민 단체들이 궐기하여 일본 대사관 앞에서 연일 데모를 하 자 시들해진 듯했다. 이때쯤 경제동물이란 명예스럽지 못한 별칭과 섹스 가 합성되어 세코 애니멀(secoanimal)이란 말이 나왔다.

해외 매춘 관광의 감소 현상이 반드시 일본 남성들이 갑자기 금욕적이 되었음을 의미하는 것은 아니다. 구태여 예전과 달라진 점을 찾자면 그 성적 유희의 대상이 일본에 입국한 외국 여성으로 대체되어 갔으며 은밀 해졌다는 것이다. 가라유키의 반대 현상으로 자파유키(日本行)로 불리는 동남아 여성들의 일본행은 일본 매춘 시장의 주요 공급원이 되고 있다. 가라유키의 후예들은 자파유키들을 희롱하면서 옛날의 기억을 잊고 싶어하는 것일까.

일본 고도경제 성장의 파도는 농촌의 젊은이를 도시로 내몰아 농촌에서는 신부감이 부족하게 되었다. 농촌 총각들의 결혼 문제가 사회 문제로 등장하자 그 해결책의 하나로 아시아 출신 신부들을 맞이하면서 돈을 매개로 한 국제 커플이 증가하기 시작하였다. 일본 후생성 자료에 의하면 필리핀에서 온 신부만 해도 6,000명 이상이 된다고 한다. 일본은 정말 국제화로 들어선 모양이다.

일본 발전의 뒤안길에서 일본 여성들은 눈물겨운 육체적 헌신을 했다. 그 일본 여성들이 지금은 엄청나게 달라지고 있다. 신흥 종교 신자들의 대부분은 여성들이고 주체할 수 없는 여가와 풍요 속에서 황폐화되어 가고 있는 현상이 자주 목격된다. 버나드 쇼가 오늘날의 일본 여성의 변화된 모습을 보면 일본 부인 예찬론을 거두어 들이고 말 것이다.

유태인의 경우는 아버지의 혈통은 따지지 않고 어머니만 유태인의 피를 이어받았으면 그 자녀는 유태인으로 분류된다고 한다. 조선 시대의 노비법도 어머니가 천민이면 그 소생도 천민이 되었다. 그만큼 가정 교육에 있어 어머니의 역할이 중요하다는 것이다. 국가의 장래는 어머니의 마음가짐에 달려 있다고 하겠다. 이런 의미에서 일본 여성들의 변모를 지켜보는 것은 단순한 흥미 이상이 될 것이다.

말 만들기의 명수

일본 사람의 조어 능력은 가히 천재적이다. 일본어의 '가타카나'는 우리가 다 아는 대로 한자에서 편의에 따라 차용한 것이다. 굳이 예를 들자면 ガ는 加에서, タ는 多에서 변 하나씩을 따오는 식이다. 이에 비해 한글의 자모는 독창성이 강하다.

그런데 에도 후기의 국학자로 널리 알려진 히라타 아쓰타네(平田篤胤, 1776~1843)는 우리 한글의 자모는 실은 일본의 신대문자(神代文字)의 모방이었다는 당돌한 주장을 하기도 했다.

먼 옛날에 만들어진 것이라고 해서 신대문자(神代文字)라고 하지만, 이는 우리 한글을 본뜬 것임이 분명한데, 도리어 세종대왕이 모방했다고 하니 어처구니없는 일이다. 히라타의 주장은 조선 문화에 대한 콤플렉스를 뒤집어 놓은 것으로서 일본 사상의 아이덴티티를 추구하는 절망적인 몸부림이라고 할 수밖에 없다. 히라타가 일본의 국학에 대한 이론을 정립하기 위해 1811년경 《고사징개제기(古史徵開題記)》를 집필할 때 신대문자를 위작했다는 설이 있다.

일본 오카야마현 구라시키(倉敷)시 다마시마(玉島)에 있는 나가오(長尾) 신사 본전 입구에는 '가ㅁㅜㄴㅏㄱㅏ구' 라는 문자가 쓰여져 있다. '구'는 우리말의 '라'에 해당한다. '가무나가라'는 일본어로 천지 만물을 지배하는 유일신이란 의미이다. 이것이 저들이 말하는 신대문자이다. 뻔뻔스럽게 한글을 변형 조작하고도 이를 부끄러워하기는커녕 조선 측이 탐내어 가져갔다고 하고 있다. 견강부회도 이 정도면 수준급이다.

1940년대 말에 전스토 요정이 등장했다. 한자 전(全)과 영어의 strip 의 합성어로서 전스토 요정은 완전 나체 요정을 지칭한다. 전스토 요정뿐만 아니라 전카바레도 비밀리에 운영되었다. 스트립쇼는 에도 시대에도 성행한 것으로 관중 앞에서 성행위를 서슴지 않았고, 심지어 개와도 성행위를 했던 기록이 있다. '아르살롱'이라는 의미를 추측할 수 있을지? 독일어 arbeit와 영어의 salon, 즉 여성들이 부업으로 일하고 있는 살롱을 말한다.

50년대 초에는 일반 음식점 허가를 받아 비합법적으로 영업을 하는 곳도 많았고 이 같은 업소가 집결되어 있는 지대를 청색 지대라 했다. 청색 지대는 매춘 허가를 받고 공식적으로 영업을 하는 적색 지대와는 달리 표면적으로는 일반 음식점이지만 매춘을 묵인받고 있었다. 이런 음식점은 대개 온천 마크가 있는 간판을 내세웠다.

일본 정부는 1958년 4월 1일을 기해 매춘방지법을 공식 시행하기에 이르렀지만 이 법은 '엉성한 법'으로 사람들 입에 오르내렸다. 매춘업은 그 후에 도루코탕, 소푸란도 등 특수 목욕탕으로 변신하여 살아남아 있는 것만 보아도 이 법의 한계를 짐작할 만하다.

70년대에 들어서자 로만 포르노 시리즈가 등장하였다. 대표적으로 《단지처》, 《한낮의 정사》를 비롯, 연간 70편 정도의 포르노물이 쏟아져 나왔고 포르노 배우의 도전적인 포즈가 호색한의 마음을 사로잡았다. 점 입가경이라고, 포르노에 이어 1978년 교토에 자니라고 부르는 노 팬티 다방이 처음으로 선을 보였다. 맨몸의 하체에 미니스커트 한 장만을 달랑 걸친 채 커피를 날라 주는 여자들의 아슬아슬한 자태에 사내들이 꿀꺽 침을 삼킨다. 한때는 전국에 자그만치 900개 정도의 노 팬티 다방이 성업을 했다고 한다.

1980년부터는 서점가에 비닐책이라는 성인 잡지가 서가를 메웠다. 서서 읽지 못하도록 비닐 커버에 넣어서 봉했다고 하여 비닐책이라고 했다. 비닐책을 노 팬티 다방에서 열심히 읽고 마음이 동하면, 막 선을 보이기 시작한 성인 비디오 필름을 감상하고 그리고 그 다음에는 그렇고 그렇지. 성인 만화가 서점가를 뒤덮고 지하철까지 진출하기도 하였다.

원래 일본 여성들은 50년 전까지만 해도 노 팬티의 기모노 차림이 대부분이었다고 한다. 어느 백화점에 불이 났을 때 여점원과 부녀자들이 로프나 사다리를 타고 내려오려 했지만, 밑에서 쳐다보는 수많은 눈들 때문에 머뭇거리다 희생자가 더 늘었다고 한다. 이 사건을 계기로 여성들의 팬티 착용이 본격화되었다는 믿을 수 없는 이야기도 있다. 1952년 전후 처음으로 여성 내의 패션쇼가 오사카 한큐 백화점에서 개최된 것을 계기로 여성 팬티업자가 우후죽순 격으로 생겼다.

유흥가의 야경. 1958년 매춘방지법 시행 후 매춘업은 도루코탕, 소푸란도(soap land) 등의 신조어를 낳은 특수 목욕탕으로 변신, 오늘날까지 명맥을 유지하며 도처에서 성업 중이다.

　일본에서는 성을 팔고 사는 산업을 욕망산업 또는 풍속산업이라 부른 다. 욕망산업의 정확한 규모는 통계로 파악하기는 어려우나 4~5조 엔으 로 일본의 방위예산과 비슷한 금액이라고 한다. 일본의 욕망산업은 개방 적인 성의식이라는 물을 먹고 무럭무럭 자라 왔다. 1980년대 중반부터 는 새로운 풍속산업으로 불려지는 데이트 클럽과 텔레쿠라가 젊은이들 사이에서 인기를 끌었다. 텔레쿠라는 telephone club의 약어로서 조그 만한 독방에서 전화로 그 클럽에 등록된 미지의 여성 회원과 데이트를 약속하고 경우에 따라서는 매춘 흥정을 한다.

　텔레쿠라에 가입된 아가씨들은 처음에는 한 시간에 1만 6,000원 정도를 받는데 150시간 이상의 통화 시간을 기록하면 수당이 다소 상향 조정 된다고 한다. 대개 일주일에 금, 토, 일 밤에 2시간씩 주 6시간 정도 말 상 대를 해주고 한 달에 약 40만 원을 버는 셈이다.

텔레쿠라를 이용한 남자들에게 인기 있는 상대는 '21세, 160cm의 대 기업 직장 여성'이라고 한다. 25세 또는 신장 165cm 이상이라고 응답하 면 찰칵! 전화가 끊기고 만다고 한다.

지나치게 외설적인 대화는 20분 이상 계속되지 못해 장사가 안 되고 신세 타령이 나오면 1시간은 보통이고 3~4시간씩 계속되어 매상을 올려 준다고 한다.

일본의 대중잡지에 실린 선정적인 텔레쿠라 광고.

일본에서는 직장 여성을 흔히 OL(Office Lady)이라고 부른다. 직장 여성이 어딘가 에 투고할 때 자신의 신분을 OL이라고 하고 있다. 본래 는 직장 여성의 통칭은 BG (Business Girl)라고 했으나 바걸(Bar Girl), 즉 매춘부로 오해받을 소지가 있다고 하 여 일본 방송국(NHK)이 1963년부터 BG를 방송금지 용어로 지정하였다. 여성 잡지인 《여성자신》이 BG를 대체할 새로운 용어를 공모하여 마침내 OL이란 용어가 탄생되었다. 스타 탄생만큼 어렵게 세상에 나와 이제는 일반적인 용어로 고착되었다.

그런데 여성 운동가들은 OL이란 단어가 여성 차별 냄새가 난다고 불평을 늘어놓고 있다. 말인즉슨 남자 사원은 OG(Office Gentleman)라고 하지 않는데 굳이 여직원만 OL로 호칭할 이유가 없다는 것이다. 세계의 페미니스트들이여! 일본의 여성 운동가에게 박수를!

직장 여성이 스스로를 OL이라고 칭하는 것은 "나는 숙녀인데요."하는 것과 같아 어법상 자연스럽지 못하다. 미스터(Mr)라는 말도 마찬가지이다. "미스터 서입니다."라는 표현도 스스로가 "서 선생님입니다."라고 하는 꼴이 된다. 하기야 낯놓고 기역자도 모르는 낭군을 일러 서방(書房)님이라고 하기도 했으니 그 정도야 뭐 대수이겠는가.

직장 여성에 대한 성희롱(Sexual Harassment)을 '세크하라'라고 하니 성희롱이 정의만큼이나 그 단어의 뜻도 짐작하기가 어려웠다.

80년대 초반만 해도 일본의 포르노나 성인 비디오테이프도 여자의 상징을 모자이크 등으로 지워 버리고 "끝까지, 그것만은 안 돼!"라는 엄격한 태도를 견지했었다. 1993년, 지금까지 금기시되었던 여자의 체모를 노출한 사진이 주간지와 사진첩에 게재되어 '헤아 논쟁'을 불러일으켰다. 일본 사람들은 여자의 음모를 일러 헤아(Hair)라고 한다. 하기야 우리도 음모를 막연히 털이라고 한다. 1994년 11월에는 명문대학 여대생의 누드 사진이 일본의 대중잡지 《주간 포스트》에 실렸다.

대담하게 체모를 드러낸 사진을 보고, 일본 포르노 역사에 큰 획을 그었다고 생각할지 모르나 사실은 그렇지 않다. 에도 시대의 춘화도에는 여자의 비밀스러운 숲을 사실화법의 필치로 정성스럽게 그려 놓은 것이 많다. 이런 의미에서 일본은 퇴폐적이고 향락적이었던 에도 시대로 되돌아갔다고 할 수 있겠다.

신세대 또는 X세대라는 말이 우리 사회에 유행하고 있지만 일본에서는 1985년부터 신인류라는 호칭이 매스컴이나 잡지에 등장했다. 신인류는 태어나면서부터 고도성장의 수혜를 입고 자랐고 매스 미디어에 의해 공통적인 문화를 체험한 세대로 정의되었다. 간단히 말하면 기성세대의 눈으로 볼 때 도저히 이해할 수 없는 전혀 새로운 가치관과 생활 감각을 지닌 젊은 세대를 지칭한다.

물론 신인류와 유사한 젊은 세대의 출현은 일본에만 국한되는 것이 아니라 세계 도처에서 그 모습을 드러내고 있다. 우리나라의 오렌지족도 신인류의 한 부류가 아닌가 한다. 일본에는 신인류 출현 이전에도 폭주족, 다케노코(竹の子)족, 안논족이 있었다. 폭주족은 오늘날 우리 사회에도 문제가 되고 있지만 이들은 오토바이를 떼지어 몰고 다니며 자기 과시욕에 빠져 있는 젊은 사람들이다.

다케노코의 어원은 원래 죽순, 혹은 애송이를 뜻한다. 예컨대 '다케노코 의사'라고 하면 돌팔이보다 못한 애송이 의사를 지칭한다. '다케노코'라는 단어가 전후에 처음 등장한 시기는 1946년 패전 직후로서 '다케노코 생활'이란 합성어로 나타났다. 마치 죽순 껍질을 하나씩 벗기듯이

도쿄의 신천지 하라주쿠 주변의 보행자 천국에서 원색의 현란한 춤과 시끄러운 음악을 쏟아 내며 자기 도취에 빠져 있는 X세대 다케노코족 젊은이들의 자유분방한 모습.

자신이 입고 있는 의복을 하나 둘씩 벗어서 곡식과 바꾸어 먹는 생활이라 해서 '다케노코 생활'이라 했다.

그런데 1980년 무렵부터는 도쿄의 신천지 하라주쿠(原宿) 주변의 보행자 천국에서 원색의 현란한 춤과 시끄러운 음악을 쏟아 내는 젊은이들을 '다케노코족' 이라고 했다. 남의 시선을 아랑곳하지 않고 자기 도취에 빠져 있는 이들은 관광객에게 좋은 구경거리가 된다.

안논족은 여성용 월간지 《안안(an·an)》이나 《논노(nonno)》를 애독하고 이 두 잡지가 보여 주는 생활 스타일에 끌리게 된 젊은 여성을 지칭한 것이며 '안논'은 그 앞 글자의 합성어이다. 1989년 《an·an》 4월호 표지에 굵직한 활자로 깜찍한 아가씨의 사진과 함께 "섹스로 예뻐진다."는 광고 카피가 젊은 일본 여인들을 들뜨게 했다.

섹스와 아름다움을 교묘하게 연결시켜 100페이지가 넘는 초대형 특집 기사를 게재한 이 잡지는 무려 80만 부나 팔려 나갔다. 이 특집은 젊은 아가씨들로 하여금 섹스는 화장이나 샤워를 하는 것과 다를 게 없는 일상의 한 단면이라는 인식을 갖게 했다는 후문이다. 확실히 90년대의 일본 여성들 중에는 다리는 길어지고 가슴은 풍만해진 미인이 눈에 띄게 많아졌다. 정말 그것으로 예뻐졌을까.

일본 신어에는 유난히 족(族)이란 접미어가 들어간 단어가 일일이 열거할 수 없을 정도이다. 끝없는 신조어의 탄생은 일본사회의 변화를 말해 주는 것이다. 사회가 변화하는 한 신조어는 계속 태어날 것이다.

현모양처 논쟁

일본사회에는 예나 지금이나 괴짜가 많다. 사물을 하나의 가치 척도로 재는 것을 단연코 거부하는 사람들이므로 그런 별종들이 그런 대로 밥을 먹고 살아갈 수 있는 풍토가 되고 있다. 이런 기질 때문에 그들은 반대도 진리일 수 있다는 역의 진리를 논하기 좋아할 뿐더러 그것을 구체화시키려고 한다.

압도적인 중화문명에 대한 상대적인 평가가 가능했던 것도, 따지고 보면 일본인의 괴짜 근성에 근거하고 있다는 사실을 알게 된다. 이에 반하여 조선의 지식인들은 과거제도를 통해 유교라는 하나의 사상으로 획일화되어 있었기 때문에 괴짜는 이단시되는 풍토였다.

다산 정약용(1762~1836)은 유배지에서 조선통신사가 일본 방문 시에 구해서 가져온 오규 소라이(荻生徂徠, 1666~1728)의 저술을 읽고 그 글의 정예(精銳)함에 놀랐다. 다산은 이어 몽매한 일본이 처음에는 백제로부터 책을 얻어 갔지만 후에는 중국으로부터 직접 좋은 책을 모조리 구입해 갔다고 했다. 뿐만 아니라 일본에는 과거제도가 없어서 제대로 학문을 할 수 있었기 때문에 지금에 와서는 그 학문이 우리나라를 능가하게 되었으니 부끄러운 일이라고 탄식했다. 다산은 학문을 위한 학문이 발달할 수 없었던 분위기를 아쉬워했다.

성(性)에 대한 논란도 예외가 아니다. 17세기 말 일본은 모처럼 전쟁의 피비린내를 잊고 태평한 시대를 즐기게 되었다. 이 시기에 일본은 이미 호색 문화에 있어서는 당대 일류의 선진국 대열에 그것도 선두 그룹에 속했다. 지금부터 350년 전에 《규방학 대비감》이라는 성교본이 베스트셀러가 되었다.

1700년 중엽, 일본의 주자학자로 널리 알려진 가이바라 에키켄(貝原益軒, 1630~1714)이 필을 들어 《여대학(女大學)》이라는 여성 훈육 지침서를 세상에 내놓았다. 내용이야 우리가 익히 알고 있는 유교 도덕론을 줄줄이 늘어놓은 여성론이었다. 여자는 남자의 사유 재산에 불과하고 자손 번식의 도구로서 남편을 하늘처럼 떠받들어야 한다는 것이었다.

여자는 모름지기 어려서는 부모를 의지하고 결혼하면 남편을, 그리고 남편 사후에는 아들에게 의탁해야 한다는 삼종지덕의 설교를 늘어놓았다. 전체적인 내용은 현모양처가 되라는 가르침으로 시종일관하였다. 어떤 의미에서 그는 일본 여성들에게 순결에 대한 강박관념을 만들어 준 창시자였다.

1945년 일본 패전 직후 '야스쿠니의 처'라는 말이 번지기 시작했는데 이는 야스쿠니(靖國) 신사에 봉안되어 있는 전사자의 부인 곧 전쟁 미망인을 지칭한 말이었다. 도쿄에 있는 야스쿠니 신사는 메이지 유신 이래

18세기 중엽에 출간된 《여대락》에서는 익살스럽고 설득력 있는 표현으로 유교적이고 금욕주의적인 여성관을 반박했다. 여자는 무엇보다 성행위를 잘해야 남편 사랑도 받고 집안이 화평하다고 가르쳤다.

천황이 50여 차례나 참배한 특별 신사로서 청일전쟁, 러일전쟁, 만주사변, 중일전쟁, 태평양전쟁 등 침략 전쟁과 관련해서 사망한 245만 명의 영령을 받들고 있는 곳이다. 따지고 보면 천황을 위해 죽는 것이 최고의 도덕적 가치라는 사고방식을 창출해 내는 무대이기도 하다.

'야스쿠니의 처'는 숙명적으로 영령의 처라는 봉건적인 신비주의 느낌을 부여하고 이들의 재혼에 대해 사회적 감시가 심했다. 특히 전쟁 중에는 전선의 사기를 떨어뜨린다는 측면에서 더욱 그러했다. 이 신사에는 한반도 출신자가 2만여 명이나 합사되어 있다가 1995년 여름에야 위패가 서울로 봉환되어 왔다.

일본인의 특질을 고려할 때 인격과 인간성을 철저히 외면한 《여대학》에 대한 통렬한 패러디가 안 나올 수 없다. 《여대학》이 20년간 기세를 떨치고 있을 무렵, 어느 유학자가 차마 자기 이름을 버젓이 사용하기에는 자신이 없었던지 필명으로 《여대락(女大樂)》이라는 반론서를 춘화로 출간하였다.

여자가 시집을 가서 시부모 공양을 잘하지 않으면 남편한테 미움을 받아 쫓겨 난다는 《여대학》의 경고에 대해, 《여대락》은 코웃음을 치면서 반론을 제기했다. 여자는 본질적으로 색(色)이며 섹스 없는 사랑은 공상에 불과하다. 따라서 여자는 시집을 가면 무엇보다도 색도(色道)에 가장 신경을 써야 하며 이것을 잘못하면 부부 사이가 나빠져 결국 시가에서 쫓겨 나 오갈 데 없는 처량한 신세로 전락하고 만다고 경고했다.

성행위를 잘해야 남편 사랑도 받고 집안이 화평하며 만사가 형통해진다는 파격적인 논리를 당당하게 주장한 셈이었다.

《여대학》에서는 무릇 남녀는 자리를 함께해서는 안 되며 옷가지도 같이 놓아서는 안 된다고 가르치고 있다. 또한 잠깐 동안이나마 상스러운 짓거리나 농담은 보아서도, 들어서도 안 된다고 훈계를 했다. 이에 대해 《여대락》은 여자도 어려서부터 남자들이 좋아하는 풍속을 익혀 두는 것이 좋으며 가끔은 짓궂은 장난도 하고 부끄러운 자태로 애교를 부릴 줄도 알아야 하는 법이라고 부추겼다.

한 걸음 더 나아가, 여자는 항상 그곳을 청결하게 하는 것이 중요하다고 가르쳤다. 그렇지 않으면 남편의 마음이 변할 것이라고 경고하는 것도 잊지 않고 있다. 다음으로 명심할 사항으로 운우지정을 나눈 이튿날 아침에는 남편의 식사에 특별한 마음을 써서 준비해야 한다고 가르치고 있다. 즉 흰 소금을 뿌린 가벼운 죽과 함께 날계란을 준비하는 것이 남편의 몸을 허하게 하지 않는 주부의 지혜라고 했다. 피곤한 남편에게 가급적이면 위에 부담이 덜 가면서도 영양이 담뿍 든 가벼운 식사가 좋다는 양생론을 펼쳤다.

《여대락》은 익살스러우면서도 설득력 있는 표현으로 처음부터 끝까지 유교적 여성관과 금욕주의에 대해 통렬한 반론을 전개하고 있다. 에도 시대에 점입가경으로 들어가고 있는 당시 서민들의 자유분방한 성 풍조를 보여 주는 흥미로운 단면이다.

지금부터 250년 전에 여자, 특히 성(性)으로서의 여자를 둘러싸고 이러니저러니 저술하여 서로의 다른 생각을 나타내고 있는 것은, 일본인의 호색성과 함께 열린 마음 상태를 엿볼 수 있게 한 점이다.

《여대학》의 가르침은 많이 퇴색했지만 여성의 덕성교육 지침에 아직도 반영되고 있다. 일본 어느 항공회사의 스튜어디스 용모 기준을 보면, 머리 리본은 폭 2cm 이내, 손톱길이 2mm 이내, 매니큐어는 투명하거나 엷은 색, 귀고리는 직경 2mm 이내의 금 또는 백금, 반지는 2개까지 허용한다는 등등이다.

수년 전 후쿠오카 긴키 대학 부속 여자고등학교에서 복장, 머리길이 등에 관한 교칙을 위반한 여학생이 교사로부터 체벌을 당하던 중 사망한 사건이 있었다. 그 학교 규정에는 학생들의 팬티 색을 흰색 또는 살색으로 제한한다는 내용도 포함되어 있어 화제가 되었다. 팬티 검사를 자주 했는지 사제 간의 결혼이 많더라는 보고도 있다.

《여대학》과 《여대락》의 논쟁은 섹스는 음습하고 칙칙한 것으로 받아들여야 하는지 아니면 자연스러운 즐거움으로 여겨야 하는지에 대한 일본인 전래의 성의식의 양면을 그대로 보여 준 것이다.

많이 퇴색하긴 했지만, 《여대학》은 아직도 일본사회에서 여자의 덕성 교육 지침에 반영되고 있다. 그렇지만 오늘날 일본인의 마음 가운데 《여대락》이 주창한 성의 즐거움에 대한 자유분방한 정념이 사라진 것도 아니다. 성이 인간의 영원한 테마이듯 《여대학》과 《여대락》의 시비는 두고두고 정도의 차이를 달리하면서 반복되리라 생각된다.

숭배 대상으로서의 성

성기에 대한 숭배는 세계 공통의 현상이다. 고대 그리스 예술 작품에서 남성 노출이 많은데, 이는 남성이야말로 생명을 창출하는 자연의 상징이자 번성의 도구로 인식되었기 때문일 것이다. 일본이나 한국도 예외가 아니다. 성을 인간과 자연을 번성시키는 근원적인 신비스러운 힘으로 이해했던 고대 일본인에게 성기 그 자체도 신성한 것으로 받아들여졌음은 자연스러운 현상이다. 신사 주변이 남녀의 성을 상징하는 돌로 장식되어 있는 곳도 있고 아예 신사 안에 모셔져 있기도 하다.

지금도 도쿄를 중심으로 관동지방과 중부지방에는 성기 숭배 신앙이 그대로 남아 있다. 70년대 말 도쿄에서 과히 멀지 않은 나가노(長野) 지방을 여행했을 때 마을 입구에 남녀의 모습을 새긴 작은 석상을 볼 수 있었다. 다른 곳에서는 남자 성기를 모방한 돌기둥이 큰 고목 뿌리의 구멍 앞에 놓여 있는 것도 보았다. 고목의 큰 구멍이나 동굴은 여성을 상징했다.

우리나라로 치면 성황당이 있음직한 곳에 성기의 상징물인 도소진(道祖神)이라고 하는 수호신이 세워져 있다. 도소진은 악귀가 마을로 침입

하는 것을 막아 주기도 하고 지나가는 통행인을 보호해 주기도 하는 신령이다. 《일본서기》와 《고사기》에도 이에 관한 기록이 보이는 것을 보면 도소진은 옛날부터 일본의 민간 신앙으로 자리잡았음을 알 수 있다.

이 신에 대한 제사는 음력 정월 14일과 15일에 아이들이 중심이 되어 치러진다. 온 마을 전체의 제사로서 마을의 평안과 풍년을 기원하는 의례이기도 하다. 어린이들이 집집마다 돌아다니면서 장작, 마른 대나무, 다른 장식물들을 얻어 도소진 앞에 높이 쌓아 놓는다.

또 보름달이 뜨면 아이들은 이 장작더미에 불을 붙이고, 다닥다닥 활활 타오르는 불길을 향해 한껏 소리를 지른다. 타고 남은 모닥불에는 떡을 구워 먹는데 이 떡을 먹으면 감기에 안 걸린다는 속설이 있다. 어른들은 거대한 남근상 앞에서 술을 마신다. 한바탕의 시끌벅적한 축제이다.

성적 상징물에 드리는 제사에 아이들이 주역이 되고 있는 것은, 촌락 공동체 사회에서 자연스럽게 성지식을 익히는 방법이 된다.

군마(群馬)현에서는 도소진 제사를 드리는 밤에 남녀가 생식기를 내보이며 풍년을 기원했다고 한다. 일본 농민들에게 있어 도소진은 풍작의 주술로서, 인연을 맺어 주는 신으로서 숭배되었다. 그 크기는 60~90cm, 폭 30~39cm 정도이며 무게는 100kg을 넘는 돌기둥도 있었다.

남근 숭배 사상과 관련된 각 지역의 축제는 메이지 유신 이래 금지되었다. 문명개화를 지향한 메이지 지도자들에게는 이 같은 구습이 야만적이고 부끄러운 유산으로 생각되었기 때문이었다.

에도 시대의 방랑 화가로 널리 알려진 가쓰시카 호쿠사이(葛飾北齊)는

도쿄 인근 나가노(長野)현 아즈사가와 마을 입구에 서 있는 전형적인 도소진(道祖神). 성적 상징물인 도소진은 옛날부터 악귀를 막아 주고 통행인을 보호해 주기도 하는 마을의 수호신으로 숭배되어 왔다.

50세 때부터 40년간, 죽을 때까지 우키요에(浮世繪)라고 하는 춘화도를 열심히 그렸다. 그가 가장 몰두한 대상의 하나가 바로 페니스였다. 따지고 보면 이것 또한 일본인의 남근 숭배의 일단을 보여 준 것이다.

남자의 물건이 그로테스크하게, 터무니없이 크게 그려져 있어 오히려 현실감이 없어 보인다. 무사들은 춘화를 칼집에 넣어 두거나 무기 보관함에도 함께 놓았다고 한다. 일종의 부적 같은 신통력을 기대한 심리의 표현이다. 갑자기 격분하여 칼을 빼어 들려고 하는 순간 춘정이 넘치는 그림을 보게 되면 순간적으로 관심이 다른 곳으로 흘러 살의가 스러지는 경우가 있었던 모양이다. 그래서 춘화에 부적 효과가 있다는 소문이 났는지 모른다.

수년 전 이태리 피렌체의 바르젤로 미술관을 관람하던 때, 안내하던 아가씨가 도나텔로의 다비드 상 앞에서 남자의 성기를 가리키더니 체격에 비해 너무 작다고 하던 설명이 생생하다. 대개 유럽 조각가나 화가들의 작품에 표현되는 페니스는 확실히 실물보다 작게 보인다. 그런데 일본의 경우는 실물보다 훨씬 크게 그린 것이 많으니 어인 일일까.

지난 1993년 5월에 경북 고령 지산동 고총 고분(30호분)의 내석곽 뚜껑돌에서 발견된 남녀 인물상과 성교 장면 등이 새겨진 암각화에 성이 과장되게 표현되어 있다고 해서 학계의 관심이 된 적이 있다. 몸통에 비해 성기가 상대적으로 크게 표현되어 있다고 하니 우키요에의 성기 표현과 맥을 같이 한다.

학계에서는 암각화가 새겨진 곳은 성역이거나 재생과 풍요를 위한 정기적 의례 장소라는 설로 나누어져 있으나, 신성한 장소라는 데는 의견이 일치되고 있다고 한다. 이는 우리 조상들이 성을 터부시한 것이 아니라 생산력의 원천으로서, 신성시했던 것임을 보여 주는 것이다.

로마 시대 조각 중에는 남근상이 유난히 눈에 많이 띄는데, 이는 남근에 대한 숭배 사상의 표현으로 악마를 쫓아 내는 주술력을 가진 것으로 생각했기 때문이었다. 남근 조각이 오늘날의 부적처럼 받아들여져 거의 모든 도시 성문에 내걸리기도 했다.

우리나라에서도 자손의 번성과 풍요를 기원하기 위한 토속 신앙으로서 남근 숭배의 흔적이 뚜렷이 남아 있다. 자연 형태의 바위나 계곡을 비롯해서 돌로 조각한 남근석이 곳곳에 남아 있다. 강원도 삼척군 원덕면

신남리의 해랑당은
해마다 음력 정월과
시월에 마을제를 지
낼 때 여서낭 앞에 향
나무를 깎아 만든 남
근을 올린다고 한다.
남근이 마을 공동체
의 전형적인 제사의
상징물로 간주되는
것이다.

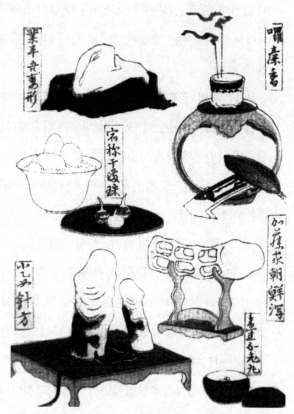

　지방의 이곳저곳
에는 남근 바위나 아
들 낳기를 기원하는
아낙네들이 치성을
드린 공알 바위도 발
견된다. 남아 선호 풍

자손의 번성과 풍요를 기원하는 성기 숭배는 일본뿐 아니라 한국에도
토속 신앙의 흔적으로 많이 남아 있다.

습 때문에 남근 숭배는 더욱 조장된 느낌도 있다. 민속학자들의 연구에
의하면 우리나라에도 옛날에는 마을 입구에 버젓이 남근 상징물이 있었
고 동네 처녀들이 아무렇지도 않게 지나다녔을 정도라고 한다. 경북 월
성군 서면 신평리에 위치한 여근곡은 골짜기의 생김새가 벌거벗은 여자
의 하반신과 비슷하다 하여 옛날부터 자식을 비는 여인네의 발길이 끊이

지 않았다 한다. 일본이나 한국 모두가 남근 숭배에 대한 사상은 같은데 어째서 우리말에는 성기와 관련된 욕이 많고, 반대로 일본에는 없는 것일까.

구약성경의 창세기에도 불임으로 마음 고생을 하는 여인네들의 모습이 리얼하게 기록되어 있다. 30장에 나오는 합환채라는 식물의 뿌리는 사람 신체의 하반부와 같은 모양을 하고 있기 때문에 이를 먹으면 임신 능력을 얻을 수 있는 것으로 알려져 석녀들이 소중하게 여겼다고 한다. 수태 못하는 여인네의 아픔의 역사는 세상의 처음과 그 궤를 같이하고 있다 하겠다. 합환채는 우리나라의 자귀나무에 해당하는 것으로 보인다.

우리 민요에도 남녀의 생식기를 노래한 것이 많다고 한다. "도라지 도라지 백도라지 심심산천에 백도라지, 하도 날 데가 없어서 양바위 바위틈에 났느냐."는 도라지 타령의 '도라지'는 남성의 상징물이고 '양바위 틈'은 두 다리 사이를 의미한 것이라고 한다. 곱상한 아가씨가 바구니를 옆에 끼고 앵두 같은 입술을 오물거리면서 부르는 그것이 남근 타령이라니.

속담에 '아닌 밤중에 홍두깨 내밀듯'의 홍두깨도 성과 관련된 것이다. 정선 아리랑에 나오는 "앞산에 딱따구리는 없는 구멍도 잘 파는데 우리 집 그 양반은 있는 구멍도 못판다."는 식의 춘가도 일본이나 한국에 다 같이 존재한다. 한국이나 일본에 다 같이 성기 숭배사상이 있었으나 시대의 변화와 더불어 비속한 상품으로 전락하고 말았다.

회사주의 국가

서구적인 의미에서 볼 때, 일본을 과연 자유 민주주의 국가라고 할 수 있겠는가. 많은 토론이 뒤따를 만한 주제가 될 것이다. 일본 사람 자신이 메이지유신 이래 서양 문물을 받아들이면서 내건 구호가 화혼양재(和魂洋才)였다. 일본인의 정신에다 서양의 과학 기술을 접목시키겠다는 의지의 표현이다. 어떤 제도든지 그것은 그 나라의 오랜 문화와 정신의 결정물인데 일본인은 그 정신에는 별로 관심이 없고 하드웨어 도입에 급급했다.

일본의 근대화 과정을 살펴보면 이와 같은 특징이 더욱 뚜렷해진다. 부국강병을 위해서 서양의 산업, 기술 등 물질 문명을 받아들인 것이고 일본인에게 있어 서양은 곧 물질 문명 그 자체였던 것이다. 결국 일본의 민주주의라는 것은 껍데기만을 차용한 것이라는 지적이 나올 수 있다.

일본인의 역사 인식, 특히 과거사 반성이 데면데면한 까닭도 이들의 어설픈 서양 흉내에 있다고 하겠다. 패전 직후인 1945년 8월 28일, 전후 최초로 성립된 내각의 히가시쿠니 나루히코(東久邇稔彦, 1887~1990) 총리는 취임 기자회견에서 "전 국민이 총참회를 하는 것이 일본 재건의 제일보"라는 소위 '1억 총참회론'을 들고 나왔다.

언뜻 보면 '1억 총참회론'은 진지한 반성 태도로 보일지 모르나 일본식 사고방식으로 보면 누구도 책임지지 않는다는 식이다. 흔히 하는 말로 공동책임은 무책임이라고 하지 않는가. 일본 국민 한 사람 한 사람이 책임을 진다는 의미는 결국 1억 분의 1만 책임지면 된다는 결론이 된다. 책임은 마땅히 책임질 자리에 있던 자가 지지 않으면 안 되는 법이다. 전후 50년이 지난 오늘날의 일본 작태를 보면 더 이상 설명이 불필요하다.

1990년 5월 노태우 대통령이 일본을 방문했을 때 일본 천황은 만찬사에서 과거사 반성에 대하여 "통석(痛惜)의 염(念)을 금할 수 없다."고 하였다. 통석이란 사전적 어의는 '대단히 애석하게 생각하는 것' 정도가 된다. 일어를 모국어로 하는 그들에게조차 아리송한 어휘로 사죄하겠다는 심사는 솔직하지 못하고 진실성이 결여된 태도라고 지적하지 않을 수 없다.

이 '통석의 염'이라는 말은 이전 천황의 말을 재탕한 것이다. 1891년 5월 러시아 니콜라이 황태자가 일본을 방문했을 때 경호 중이던 한 순사가 칼을 휘둘러 황태자의 후두부에 찰과상을 입힌 사건이 있었다. 그때 일본 천황은 러시아 짜르에게 '통석의 염'을 금할 수 없다고 했다. 그후 일본은 범인을 무기징역에 처함으로써 당초의 사죄 태도를 희석시키고 말았다. 이 같은 역사적 사실을 보면 '통석의 염'이란 어휘에서는 뼈아픈 자기 반성을 기대하기는 어렵다는 것을 알 수 있다.

일본 근세사를 보면 40년을 주기로 해서 국제 협조주의와 내셔널리즘이 번갈아 나타나고 있음을 알 수 있다. 메이지 유신이 일어난 1868년부

옛 무사도 정신은 오늘날 일본의 대표적 사회 계층인 회사원들에게 계승되고 있는 것 같다. 이들 회사원들은 회사를 위해 살고 회사를 위해 죽을 각오로 일하는 회사주의 국가의 구성원들로 살아간다.

터 1905년까지는 서양 문물 도입을 위해 저자세를 취할 수밖에 없었다. 러일전쟁에 승리한 1905년부터 제2차 대전 패전에 이르는 1945년까지는 내셔널리즘에 입각한 제국주의의 길을 걸었다. 패전부터 약 40년간, 즉 1985년까지는 국제 협조주의를 노래 후렴처럼 외우면서 경제대국 건설에 매진하였다.

1985년은 전후 일본 경제사에 있어 새로운 분기점이었다. 무역 흑자 400억 달러를 돌파하고 고도경제 성장의 혜택에 젖어든 '신인류'라는 젊은층이 오늘날 우리나라의 압구정동 주변의 '오렌지족'처럼 이질감을 풍기면서 나타났다. 1985년을 계기로 일본은 서서히 보수 세력들이 목소리를 높이기 시작했고 미국에 대해서 '노'라고 할 수 있어야 한다는 주장에 박수를 보냈다. 나카소네 총리가 야스쿠니(靖國) 신사를 공식 참배한 것도 1985년이었다.

일본에는 제국주의와 군국주의는 있었지만 민주주의는 뿌리를 깊이 내리지 못하고 있다. 굳이 정의하자면 오늘날의 일본은 '회사주의 국가'라는 생각이 든다. 회사의 궁극적 목표는 이익 추구이다. 이익 추구 자체를 굳이 나쁘다고 할 수는 없으나 자사의 이익 추구를 위해서 실업을 수출하고 물신주의에 사로잡히고 정신이 파괴되는 것이 문제다. 윤리관이 희박한 이익 추구는 인간의 초라한 면을 그대로 드러낸다.

메이지 유신을 계기로 하루아침에 실직자가 된 하급 무사들은 칼을 버리고 읽고 쓰고 계산하는 공부를 하였다. 칼 대신 주판알을 열심히 사용하는 회사원이 되어 영주에게 충성하는 그 자세로 회사를 위해 살고, 회사를 위해 죽을 각오로 일을 했다. 무사 계급의 여러 규범이 현대 일본의 가장 대표적인 사회 계층인 회사원에게 계승되고 있다.

무사도 정신의 근본은 영주를 위한 자기 희생이다. 마찬가지로 회사원은 회사를 위해 자기 희생적인 자세로 일해 오고 있다. 일본어에 '잇쇼켄메이'라는 말이 있는데 이는 일생현명(一生懸命) 또는 일소현명(一所懸命)이라고 쓴다. 목숨을 걸고 일을 매우 열심히 한다, 또는 한곳에서 목숨을 걸고 일을 한다는 뜻이다. 이는 도쿠가와 시대의 직업 윤리로 정착한 것이지만 종신 고용제와 함께 '일본 주식회사'를 비약적으로 발전시킨 정신적 황금률이다.

회사(會社)라는 어휘는 일본이 번역한 일본식 한자어이다. 중국에서는 회사를 공사(公司)라고 한다. 일본 사람들이 회사라는 말을 처음 번역하면서 무슨 생각을 했을까. 이것은 순전히 개인적 추론이지만 아마도 그

신사 참배를 하러 온 병사들. 참배 후 신사 앞에 즐비한 유곽으로 몰려가 향락을 즐겼다.

들은 씨족신을 받드는 일본 전래의 종교 신토(神道)와 신사(神社)를 염두에 두었을지 모른다. 사(社)는 '야시로'라고 읽는데 이는 신을 모신 건물, 즉 신사를 의미한다. 사용(社用)이라고 할 경우에도 회사의 용무 또는 신사의 용무를 아울러 뜻한다. 신사의 속세적인 변형이 회사가 아닌가 하는 생각이 든다.

일본 회사는 접대비를 세계에서 가장 많이 지불한다고 한다. 개인 지갑에서 나가는 돈이라면 어림도 없을 터이다. 옛날 신사 주변에는 으레 유곽이 즐비했고 신사 참배 후에 남자들은 객고를 풀곤 했다. 회사나 신사나 먹고 마시는 일에는 관대하다. 살아서는 회사를 위하여 봉사하고, 죽으면 조상신이 있는 신사로 돌아가는 형식이 된다.

연전에 경리 담당 회사 간부가 세금 포탈 관련 검찰의 소환을 앞두고 "회사는 영원하고 개인의 생명은 짧다. 회사원들이여! 회사에 충성하자."라는 유서를 남기고 자살한 사건이 있었다.

경제 대국의 주인이 되었음에도 불구하고 일본인들은 가난한 섬나라 의식을 폐의 공동(空洞)처럼 떨쳐 버리지 못하고 있다. 일본 주식회사의 소아적인 사고방식과 행동양식의 변화를 요구받는 시대가 바로 눈앞에 다가왔는데 일본인의 대응이 사뭇 궁금해진다.

나가사키의 붉은 나비들

일본은 1639년 쇄국령을 내려 일본인의 해외 진출과 해외 일본인의 귀국을 금지하였다. 조선, 중국, 네덜란드를 제외한 외국과의 통교는 엄격히 금지되었다. 약 200여 년간에 걸친 쇄국정책에 의해 에도 막부는 봉건체제를 강화하여 태평 시대를 구가하다 페리 제독에 의해 강제로 개국되었다.

조선과 일본은 쇄국이라는 같은 간판을 내걸었지만 그 양상은 사뭇 달랐다. 1634년 나가사키(長崎) 부근에 총 5,000평쯤 되는 인공섬을 만들어 포르투갈, 네덜란드, 중국인 상인을 그곳에만 머물게 하여 그들을 격리시켰다. 이 섬이 바로 캄캄한 암실과 같은 쇄국 시대의 한줄기 빛, 데지마(出島)였다. 이 섬 주위에는 토담을 둘렀으며 외부와의 연결은 다리 하나만을 두었을 뿐이었다. 이 데지마라는 바람 구멍을 통해 일본은 국제 정세 변화의 낌새를 알아차렸다.

오늘날의 나가사키는 왕년의 국제 항구의 명성에 걸맞게 동서 문화가 융합된 이국적 정서가 물씬 풍겨 난다. 성당의 종소리와 뱃고동 소리가 어우러져 로맨틱한 분위기가 살아나는 곳이다.

나가사키항에 무역선들이 들락거리고 데지마 무역관에 푸른 눈의 장사꾼들이 장기 체류하게 되자 낯선 이국 땅의 객고를 풀어 주는 기쁨조가 하나 둘 생기기 시작했다. 여인네들이 서양인에게 육체의 문을 개방한 셈이었다. 당시 조선에서는 인조가 청나라 태종에게 항복하고 소현세자가 볼모로 잡혀가던, 세월이 어지러운 시절이었다.

매춘굴이 우후죽순 격으로 늘어나자 관가에서는 풍기 문란을 단속한다는 취지에서 나가사키의 두 곳에 창녀들의 집단 거주지를 마련하였다. 마루야마(丸山)와 요리아이(寄合) 유곽 거리가 그곳이다. 5,000여 평이나 되는 공터에 건설된 홍등가에는 화사한 기모노 차림의 유녀들이 열대어처럼 하느작거렸다. 손님의 국적에 따라 일본인 전문 창부, 중국인 또는 서양인 상대로 나누었다.

나가사키를 방문한 서양인들의 일본 기행문에는 예외 없이 이곳의 화류계 풍경이 등장하고 이를 소개하는 것을 잊지 않았다. 인구 12만의 도시에 창녀가 7,000명이나 되었다는 기록도 있다. 엄청난 숫자이다.

서양인들이 한결같이 놀랐던 것은 무엇보다 유곽의 정연한 질서와 청결한 상태였다. '음탕의 학교'답지 않게 질서와 청결이 유지되고 있는 것에 하나같이 경탄했다. '일본인은 깨끗하고 순종적이다.'라는 이미지를 몸으로 보여 준 밤의 꽃들이었다.

유녀들은 이 시기에는 게이세이(傾城)로 불렸다. 성주가 혹하여 정치를 게을리 함으로써 성(城)이 위태롭게 될 정도로 썩 뛰어난 미녀라는 의

게이샤들의 벚꽃춤 공연. 서양인들의 눈에는 이들이 경국지색(傾國之色)의 미녀로 보인다. 그들은 유녀
들을 일컫는 게이세이를 일본 기생을 지칭하는 '게이샤'와 혼동하기도 했다.

미의 경성지색(傾城之色)에서 따온 것으로 생각된다. 서양인들의 눈에는
이들이 경성지색이 아니라 경국지색의 미녀로 보였을 터이다. 게이세이
는 일본 기생을 지칭하는 '게이샤'와 비슷하게 들린다. 이 유녀들의 은
어로서 귀부인을 의미하는 '조로'라는 별칭도 있다. 우리나라에서 공주
라는 말이 양공주로 둔갑한 현상과 다름없다.

　데지마가 생긴 지 10년 가까이 지나자 일본 당국에서는 유녀들의 데지
마 출장 매춘을 공인하였다. 돈 많고 지체 높은 무역관원들은 시내 유곽
까지 나가는 번거로운 수고를 덜고 대신에 반반한 여자들을 숙소로 불러
들였다. 간택을 받은 유녀는 한껏 화장을 하고 가장 아름다운 기모노로
멋을 낸 뒤 안짱걸음으로 데지마에 도착하여 입구에서 출입 수속을 한

다. 화장도구, 옷가지가 든 작은 가방을 든 가무로라고 불리는 몸종이 불안스러운 얼굴을 하고 사방을 두리번거리고 있다.

데지마에 온 유녀는 하룻밤의 쾌락에 봉사하기도 하지만 상대편의 마음에 들면 장기 체류도 가능했다. 그 경우에는 매일 아침마다 사무소에 나가 점검을 받아야 했다. 데지마에는 원칙적으로 일본인 거주가 금지되었지만 유녀들과 그 몸종, 그리고 무역관원의 개인 사용인은 예외였다.

사랑의 봉사가 끝나고 나가사키로 돌아갈 때는 출구에서 반출품에 대한 엄격한 조사가 있었다. 다리를 약간 벌리고 걸어 보게도 했다. 여인네들의 고전적인 밀수 수법으로 그곳에 뭔가 감춘 경우도 많았기 때문이었다.

임신을 한 경우에는 사내아이는 솎아 버리고 여아는 그대로 키웠다는 기록이 있으나 1636년 기독교 박해가 시작되면서 혼혈아와 서양인 첩들을 마카오와 자카르타로 추방해 버렸다. 유녀들은 꽃으로서 더 이상 매력이 없는 나이에 이르면 은퇴하여 보통의 여자들처럼 결혼하여 현숙한 아내와 자애로운 어머니의 길을 걸었다고 한다.

시대적으로는 많은 간격이 있지만 데지마 유녀의 전설적 여인은 소노기(基扇)이다. 그녀는 네덜란드 무역관 의사로 파견된 독일인 필립 시볼트(1796~1866)의 연인이었다. 시볼트는 일본에 도착하여 6년 가까이 일본에 거주하던 중 나가사키의 유녀 소노기에게 홀딱 빠졌다. 시볼트가 소노기를 처음 보았을 때 그녀는 꽃다운 17세로 갸름한 얼굴의 전형적인 일본 미녀였다.

그러나 정을 주던 시볼트는 2년 8개월 된 딸 오이네를 둔 채로 귀국하여 버렸다. 떠나면서 그는 모녀가 먹고살 수 있도록 은(銀) 15관을 남기는 자상함을 보였다. 지금 시세로 1억 원 가까이 되는 큰 금액이었다. 귀국후 몇 번인가 편지가 오갔지만 떠난 사람은 날이 갈수록 멀어지는 법이다.

소노기는 무정한 애인이 귀국한 후에 구스모토(楠本)라는 평범한 남자를 만나 결혼하여 살면서도 오이네 교육에 유별난 정성을 쏟아 오이네를 일본

막부 말 네덜란드 무역관에 파견된 독일인 의사 필립 시볼트의 연인이었던 전설적인 유녀 소노기(基扇).

최초의 여의사로 키웠다. 그녀는 궁성의 산과 의사를 겸직했다. 독일인 의사 아버지의 피를 이어받아서인지 의사로서 이름을 떨쳤다.

시볼트는 일본을 떠난 지 30년 만에 63세의 노인이 되어 장남과 함께 일본을 방문, 꿈에 그리던 모녀와 재회하였다. 오히려 담담한 만남이었다. 타인처럼 낯설기만 했다. 시볼트는 일본 주재 특명 전권 공사가 되기 위해 엽관 운동을 했으나 뜻을 이루지 못했다. 그의 딸 오이네는 산부인과 의사로서 평온한 삶을 누렸다.

소노기는 비록 창녀로 출발했지만 미모에 못지않은 당찬 마음과 성실

성으로 주변의 마뜩찮은 시선에 아랑곳하지 않고 '마이 웨이'를 걸었던 인간 승리의 주인공이다. 나가사키 유녀 이야기로서 빼놓을 수 없는 것은〈나비 부인〉이다. 푸치니의 대표작인〈나비 부인〉은 19세기 말, 일본 나가사키를 무대로 미국인 해군 대위 핀커튼과 일본 게이샤 초초상의 사랑과 죽음의 비극을 유려한 선율로 그린 오페라이다.

나가사키는 일본 여성들이 공식적으로 서양인에게 처음으로 그들의 마음과 정을 준 사랑의 도시였지만 2차 대전이 끝날 무렵 원자폭탄으로 폐허가 되어 버렸다. 일본인의 가장 중요한 체험은 세계에서 유일하게 원자폭탄 세례를 받았다는 점이다. 그 체험을 강조하는 과정에서 일본인은 가해자였던 사실보다는 원폭 피해자라는 부차적인 현상만을 과장하여 세계의 양심으로부터 빈축을 사고 있다.

가출한 아내를 찾아 헤매다가 지친 실직 가장이 어린아이를 품에 안고 높은 건물에서 뛰어내려 투신 자살을 감행했다. 땅에 떨어진 순간 어린애를 높이 치켜들었던지 어른은 즉사했지만 아이는 가벼운 상처만 입고 기적적으로 살아난 사건이 있었다.

이 사건에 접한 일본인들은 철부지를 데리고 동반자살하려 했던 어른의 잔혹함에는 말이 없고 지상에 닿는 순간 자식을 치켜든 애틋한 부정에 관심을 쏟고 눈물을 글썽거리며 감상에 젖어든다. 사물의 본말을 '처녀가 애를 낳아도 할말이 있다.'는 투로 흐려 버리기 때문에 역사 인식을 왜곡하는 망언을 되풀이하는 것이 아닌가 하는 생각을 해본다.

제 **3** 장

제 목소리 내는 여성들

검은 것은 아름답다?

다 아는 대로 임진왜란 이후 17세기 초부터 19세기 초엽까지 조선통신사는 200년간에 걸쳐 문화 사절의 성격을 띠고 열두 번이나 일본을 왕래했다.

조선통신사가 남긴 기록들을 읽어 보면 사절 일행은 일본으로 출발하기에 앞서 이승에서의 마지막인 양 가족들과 울고불고했다고 한다. 나랏님 말씀이라 마지못해 간다는 식이었다.

일본에 다녀와서는 염라국, 저승, 황천, 구천에 다녀온 기분이라고 고백하고 있다. 견문록은 왜인, 왜선, 왜녀, 왜왕, 왜놈, 왜통사, 왜봉행, 왜성, 왜시, 왜떡, 왜행 등 왜(倭)자 일색이었다.

조선 식자들의 일본에 대한 인식의 일단을 보여 주는 것이다. 이 같은 지적 풍토에서 일본을 예리하게 살펴보고 이해하기란 애당초 기대할 수 없는 일이었다. 11번째로 파견된 조엄 통신사를 수행한 김인겸(金仁謙, 1707~72) 서기관의 경우도 예외는 아니었고 오히려 일본의 호색성을 크게 비웃고 있다.

영조 39년, 즉 1763년 조선통신사 조엄 사절을 수행했던 김인겸 서기 관이 왕복 11개월에 걸친 일본 여행담을 적은《일동장유가(日東狀遊歌)》를 후세에 남겨 놓았다. 3·4조를 기조로 한 8,200여 구의 이 장편 가사 는 우리말로만 쓰여진 흥미진진한 기행문이다. 중국 고사 인용문도 우리 발음 그대로 적어 놓아 약간 어려운 곳이 있지만 읽을 만하다.

예리한 관찰력으로 서술한 이 기행문은 당시 일본의 풍속을 비평적 입 장에서 적은 것이라 하겠다.

남편 있는 계집들은 감아하게
이를 칠하고 뒤흐로 띠를 매고
과부, 처녀 간나히는 앞으로
띠를 매고 이를 칠하지 않았구나

김인겸은 유부녀들이 이를 검게 칠한 것을 보고 괴이하게 생각했다. 일본을 처음 방문한 많은 외국인들은 이를 검게 물들이는 하구로(齒黑) 라는 풍습에 놀라곤 했다.

일반적으로 명모호치(明眸皓齒), 곧 맑은 눈과 하얀 이를 가진 여인을 미인으로 꼽는데, 하얀 색과 정반대되는 검은색을 칠한 풍습은 퍽이나 이질적으로 보였을 법하다. 일종의 미의 도착이라고 하겠다.

아프리카에서 4년 동안 산 적이 있었다. 처음에는 그 얼굴이 그 얼굴이 었으나 어느 정도 시간이 지나고 나니 가정적인 여자와 미녀를 가릴 줄 아는 안목이 생겼다. 잘생긴 흑인 미녀를 보고 있으면 "Black is

이를 검게 칠한 유부녀. 일본 고래의 풍습인 하구로(齒黑)는 일종의 화장술로 사용되었다.

beautiful."이라는 말이 자연스럽게 나온다. 4년 만에 김포 공항에 도착

했을 때, 얼굴이 하얗고 뽀얀 아가씨를 대하니 얼마나 예쁘게 생각되던

지, 백의민족의 미의식 탓일런가!

네덜란드 암스테르담의 뒷골목은 국제적 매춘 지대이다. 백인, 흑인, 아시아계 미녀들이 유리 발코니에 앉아 음전한 자세로 뜨개질을 하면서 손님을 기다린다.

하루는 호기심으로 그 앞을 지나다가 얼마냐고 물어보았더니 웬걸, 흑인 아가씨가 백인보다 한 배 반쯤 비싸다고 한다. 백인 미녀가 비쌀 거라는 짐작은 인종적 편견인지 모르겠다. 흑인 아가씨는 비싼 이유를 "우리는 블랙 마켓(black market)에서 왔으니까요." 하면서 잇몸을 드러내며 익살스럽게 웃어제쳤다.

하구로는 일본 고대의 습속이다. 기원전 서일본 지방에는 성인의식의 한 통과의례로 발치 의식이 있었다고 한다. 이 같은 발치 의식은 아프리카에 아직도 남아 있다.

1979년 이래 케냐를 통치하고 있는 모이 대통령은 장미 한 송이를 왼쪽 윗주머니에 꽂고 다니는 멋을 부린다. 검은 얼굴에 붉은 장미도 그런대로 잘 어울린다. 한 번은 모이 대통령을 면담한 서울에서 온 고관이 모이 대통령 앞니를 선물로 해주라는 당부를 했다. 스스로 생각해도 기막힌 아이디어라고 생각했던지 몇 번이나 강조하였다. 모이 대통령의 출신 부족인 카렌족은 성년이 되면 아래 앞니를 빼는 풍습이 있다는 것을 알지 못한 탓이었다.

일본의 발치 의례는 이미 사라졌지만, 하구로는 1920년대까지도 존재했다. 일본에서 가장 오래된 소설 《겐지 모노가타리(源氏物語)》에도 눈썹

을 밀고 이를 검게 칠하는 여인네가 등장한다. 천 년 이상의 전통을 지닌
것이다.

조선인들이 일본을 금수나 다름없게 생각한 점이 혼욕, 근친혼, 훈도
시 그리고 하구로였다고 판단된다. 나 자신도 국민학교 때 역사 교과서
에서 훈도시 차림의 일본인 모습을 보고 천박하다는 느낌을 가졌었다.
일본 전통극 중의 여주인공이 온통 검게 물들인 이를 내보일 때 오싹했
던 느낌을 잊을 수가 없다. 김인겸의 《일동장유가》에 일본인 경멸이 그
대로 드러난다.

> 형수를 계집 삼아
> 데리고 살면
> 착다 하고 기리지만
> 제 아운 길렀다고
> 제수는 못한다네
> 예법이 바히 없어
> 금수와 일반이다

하구로 습속은 중국의 화장법에서 유래되었다고 한다. 원래 황제 주변
에는 여성들이 들끓었는데 황제가 지나면서 하룻밤 수청을 들 여인을 선
택하는 경우도 있었던 모양이다. 마음에 드는 그 여인이 공교롭게도 달
거리 중이면 낭패가 아니겠는가. 그래서 처음에는 생리 중임을 알리는
표시로 손톱 끝에 붉은 물을 들였으나 손을 쳐들고 있지 않는 한 쉽게 알

아차릴 수 없었다. 그래서 뺨에다 붉은 색으로 가벼운 화장을 했다고 한다. 일본에서는 유부녀가 임자 있다는 표시로 하구로를 했지만 무사들이나 처녀들도 이를 한 경우가 있었다. 여장을 한 남색들도 흉내를 냈다고 한다.

충신이 두 임금을 섬기지 않고 정녀는 두 남자를 받들지 않는다는 표시로 하구로를 했다는 설이 있지만, 이는 후세 사람들이 그럴듯하게 해설을 붙인 것으로 생각된다. 도요토미 히데요시도 한때 하구로를 했다고 전해지지만 17세기에 들어와서는 무사에 대해서는 전면적으로 금지령이 내렸다.

하구로 재료는 한방에서 입병과 치통약으로 쓰이는 오배자를 사용하였으며 오배자는 염료로도 많이 이용되었다. 요시와라 유녀들은 하루에 한 번씩 칠했지만 일반 가정집 처자들은 이틀에 한 번 정도 이빨 염색을 했다. 기천 명의 유녀가 있던 요시와라에는 이들이 아침에 쏟아 낸 하구로 허드렛물로 시궁창이 완전히 시커멓게 되었다고 한다.

하구로를 한 이유는 충치 방지, 입냄새 제거 등등의 설이 있지만 일본에서는 일종의 화장술로 시발된 것으로 보인다. 왜냐하면 일본의 원주민이라고 할 수 있는 아이누족들은 하구로를 게쇼(化粧)라고 불렀는데, 이 단어는 글자 그대로 현대 일본어에서도 화장이란 뜻으로 쓰인다.

메이지 유신과 더불어 하구로 풍습은 문명개화의 바람과 함께 폐지되었다. 호적이 신설되고 양복을 입는 새 세상이 되자 황후부터 이빨의 검은 칠을 벗기고 하얀 이를 드러내 보이며 환하게 웃었다. 그때부터 눈썹을 밀어 버리는 습속도 차츰 없어지게 되었다. 정부의 명령 하나로 천 년 이상 지속되어 온 풍습이 간단하게 고쳐지지는 않았던지 지방에서는 상당히 오랫동안 남아 있었다고 한다.

하구로 풍습이 시들해지자 미인에 대한 감각도 달라졌다. 19세기 말 일본 미인의 전형은 피부가 하얗고 눈이 크며 야윈 여인상이었다. 남자의 동정심을 유발하는 연약함을 지닌 우아한 미인이 선호되었다. 흔히들 낭만파적 미인상이라고 했다.

하구로와는 직접적 연관이 없지만 블랙에 대한 취향을 보여 주는 예를 하나 들겠다. 1985년 야마다 에이미(山田詠美)라는 작가의 데뷔작 《베드룸 아이즈》는 일본 여성과 흑인 병사의 짜릿한 사랑을 다루고 있다. 이 소설의 영향으로 끼가 넘치는 일본 여성들 사이에 흑인 애인을 구하는 풍조가 생겼다고 한다. 하구로의 전통이 새로운 형태로 표출된 것인지, 고개를 갸웃거리게 된다.

한국 남자들이 어떤 이유로 일본 여성이 헤플 것이라고 생각하는지 알 수 없다는 일본인의 푸념을 듣곤 한다. 사실 판단하기 어려운 성질이다. 일본에 관한 우리 조상들의 기록이 상당히 영향을 미쳤다고 본다. 김인겸의 《일동장유가》의 기술을 다시 보자.

날마다 언덕에서

왜녀들이 모다 와서

젖내어 가리키며

고개조아 오라 하며

볼기내어 두드리며

손저어 청(請)도 하고

옷들고 아래 뵈며

부르기도 하는고나

염치가 바히 없고

풍속도 음란하다

　조선통신사의 일본 기행문의 내용은 대를 이어 전해져 왔기 때문에 우
리들은 알게 모르게 그 영향을 받아 일본인은 유별나게 색을 밝힌다는
이미지를 굳히게 된 것이 아닌가 싶다.

다도와 색도

일본 문화의 대표적인 유산으로 다도(茶道)를 꼽을 수 있다. 다도는 중국으로부터 조선에 이입되어 일본으로 전래되었다. 하지만 일본인들은 이를 인정하지 않고 있다.

일본에는 8세기 나라 시대에 천황이 백인의 승려와 함께 다회(茶會)를 가졌다는 기록이 있는데 도구와 차는 당나라로부터 가져온 것으로 되어 있다. 801년에는 승려들이 중국의 차 종자를 직접 얻어 와서 재배하여 귀족과 승려 사회에 널리 퍼지게 되었다고 주장한다.

일본의 다도를 예술의 경지로 끌어올린 상인 출신의 센노리큐(千利休, 1521~91)라는 다인이 있었다. 무사도가 죽음의 예술이라고 한다면 다도는 삶[生]의 예술로 규정했다. 다도는 인간과 자연을 총체적으로 보는 정신 기하학이라는 현학적인 설명까지 붙여 놓았다.

전국 시대에 일본 통일과 재건을 위해 전쟁터를 휩쓴 무사가 짬을 내어 유쾌한 휴식을 취할 수 있는 곳이 다실이라고 했다. 다실은 다섯 명이 간신히 들어갈 수 있는 3평 미만의 공간으로서, 뜬구름과 같은 인간들이 존재하는 허망한 황야의 오아시스와 같다 하여 대단히 중요하게 여겨졌다.

리큐가 설계하여 지었다는 단아한 다실은 웬만한 궁궐보다 값을 더 쳐 주며 건축학자들도 그 정교함과 탐미적 구조에 놀란다. 지금도 다도의 금자탑인 양 교토에 남아 있어 관광객의 발걸음을 붙잡는다.

센노리큐, 그는 다도의 달인이었지만 비극적인 최후를 맞이하였다. 도요토미 히데요시(豊臣秀吉)와 교류를 갖고 있었는데 독살 음모에 연루되어 죽게 되었다. 도요토미는 그간에 사귄 정리를 감안하여 사형에 처하지 않고 할복자살하는 영예(?)를 베풀었다.

1591년 2월 27일, 새소리와 정원의 물소리만이 들리는 고요함 속의 리큐의 다실에서 최후의 다회가 열리고 있었다. 법도에 따라 차를 마시고 차맛과 찻잔에 대한 찬사를 주고받는다. 리큐는 참석자들에게 기념으로 그들이 마시던 찻잔 세트를 나누어 주면서 이승에서의 인연에 감사를 표했다. 단지 한 개의 찻잔, 주인인 리큐가 사용했던 찻잔은 그의 손에 놓여 있다. "불행한 사람의 입으로 더러워진 이 잔은 다시는 사용되어서는 안 된다."는 말과 함께 찻잔을 박살내고 말았다. 명품이 사라져 간 아쉬운 순간이었다.

참석자들은 무거운 발걸음으로 한 사람 한 사람 다실을 빠져나갔다. 최후를 지켜볼 한 사람만이 리큐의 그림자처럼 다실에 붙어 있다. 리큐는 다회복을 순백의 할복용 의상으로 천천히 갈아입은 다음, 단도를 꺼내 배를 갈라 웃음 띤 얼굴로 황천길로 나섰다고 한다.

리큐는 일본의 다도를 이해하기 위해서는 필수적으로 알아야 하는 인

물이다. 에도 시대에
는 무엇보다 형식미가
강조되었고 예술 애호
가들의 다실은 자유로
운 교제의 장으로 사용
되었다. 다도의 전통
은 아직도 면면히 이어
져 오고 있다.

오다 노부나가(織田信長)가 찻잔으로 애용했던 조선의 주발.

일본 관광지 어느 곳에든지 2평 남짓 되는 전통 다실이 하나쯤은 있다. 정원을 바라볼 수 있는 한 켠에 한적하고도 청아한 미가 돋보이는 다실 은 수도승의 선원을 연상시킨다.

일본 아가씨들이 신부 수업의 필수과목으로, 빼놓지 않는 것이 다도와 기모노 입는 법이다. 그만큼 다도는 일본사회에 깊숙이 뿌리를 내리고 있다. 신기하고 새로운 것을 좋아하는 사람들이 옛것을 소중히 여기고 전통을 면면히 이어가는 모습은 불가사의하게 느껴지기도 한다. 세계 2 대 경제 대국인 일본에는 지금도 주먹밥이 곧잘 이용되고 있다.

에도 시대에는 일본의 전통 찻집이 퇴폐화되었다. 오늘날 '주간 다실, 야간 술집'으로 둔갑하는 형태의 찻집이 17세기 에도 시대에도 있었다. 심미적인 예술로 승화된 다도가 일반화되어 가면서 섹스의 은어로까지 떨어졌다.

유원지와 한길가에 가케차야(掛茶屋)라는 곳이 즐비했다. 글자 그대로의 의미는 지나가던 길손이나 유람객이 걸터앉아 차를 마시며 잠깐 쉬는 작은 찻집이다. 그런데 저만큼 떨어진 후미진 곳에는 빈방이 하나 있었는데 그곳은 차를 마신 후에 여색을 탐하던 장소였다. 찻집을 가장한 일종의 매음 장소였다.

데아이(出合) 찻집이란 것도 있었다. 데아이라는 것은 우연히 마주치다, 만나다는 의미이니 데아이 찻집은 길 가다가 아는 사람을 우연히 만나 차나 한잔하면서 이야기를 나누는 찻집이란 뜻이다. 서울의 커피숍에 해당한다고 하겠다.

그런데 에도 시대에는 데아이 찻집이 러브호텔로 사용되었다. 이 찻집은 주로 신사나 사원 경내 또는 그 주변에 있어서 신사를 참배하러 간다는 핑계를 대거나 절 안의 연꽃을 보러 간다는, 제법 그럴듯한 구실을 만들어 외출한 남녀가 밀애를 나누며 쉬었다 가는 장소였다. 바람난 유부녀가 돌중과 사랑 놀음을 벌이던 곳이기도 하였다.

이와 같은 찻집이 시내 곳곳에 산재해 있어서 풍기 문란이 말이 아니었다. 한때 막부에서는 엄히 다스리겠다는 으름짱을 놓았지만, 제대로 먹혀들지 않았다. 사회 전체가 호색에 젖어 있는 판에 정염에 뜨거워진 육체들이 물을 끼얹는다고 떨어지겠는가.

에도 시대의 환락가로 이름을 날리던 도쿄의 요시와라(吉原), 교토의 시마바라(島原)와 같은 유곽에서는 손님이 들면 우선적으로 차와 과자 부스러기를 대접하는 것이 상례였다. 이런 연유로 유녀들 사이에 차를 주제로 한 은어가 많았는데, 예컨대 차를 빻는다는 말은 손님이 없어 공치고 있다는 것을 나타내고, "차를 끓이다." 또는 "차를 다리다."라는 말은 손님이 있다는 속어이다.

"오늘은 하나코가 차를 자주 끓이는구나."하는 말은 손님이 번갈아 그녀 문턱을 넘나드는 것을 말한다

남자들도 차를 은어로서 사용했다. 체위에 있어 여성 상위를 일컬어 '차도리'라고 했다. 그 유곽의 차맛이 기가 막히다는 것은 그 집 여자들의 물건이 명기라는 뜻이었다고 한다. 선착장이나 주막의 싸구려 창녀를 매화차라고 했다. 눈 속의 매화, 설중매는 고급 유녀를 가리키는데 어째서 매화차는 값싼 유녀가 되었는지 이해할 수 없다.

반차(番茶) 또는 산차(散茶)라고 하는 차는 보통 질이 낮은 엽차를 말하는데, 이 어휘가 유녀에게 쓰일 때는 아무 때나 어떤 손님에게도 거절하

에도 시대의 찻집은 퇴폐화되어 매춘 장소로 이용되었다. 대체로 찻집은 주로 신사나 사원 경내 또는 그 주변에 있어서 신사 참배를 온 남녀가 밀애를 나누며 쉬었다 가는 장소로 활용되었다.

지 않고 쉽게 응하는 여자를 지칭한다. 고급 유녀들은 면담 자체가 어려웠으며, 면담이 성사되는 경우에도 대개 처음에는 상견례에 그치고 두 번째부터 몸을 허락했다. 이에 비해 반차는 손님이 가면 엽차를 내놓듯이, 처음부터 본론으로 들어가는 논다니였다. 일반 서민들이 집에서 마시는 차가 반차나 산차였고, 이들은 가끔 유곽에 들러 주로 반차로 통하는 값싼 여자들을 샀다.

일본 속담에 "질 낮은 엽차도 막 달인 것은 맛이 좋다."는 말이 있는데, 이는 못생긴 여자도 한창 때는 예뻐 보인다는 비유로 쓰이고 있다. 술이든 차든 다 같은 물장사에 속하는 일의 속성 탓인지 찻집은 예나 지금이나 여자와 관련이 많다.

일본의 다도에서 오카쿠라 텐신(岡倉天心, 1862~1913)을 빼놓을 수 없다. 그는 일본의 저명한 미술 교육가로서 도쿄 미술학교와 도쿄 미술원을 창립한 주인공이다. 미국 보스턴 미술관 고문을 지냈으며 일본 미술을 세계 미술계에 부지런히 소개했다.

1886년 24세 때 미국에 체재하면서 영문으로《차의 책(茶の本)》이란 제목의 다도 소개서를 저술하였다. 1906년 뉴욕에서 간행되어 다도를 즐기려는 서양인의 필독서로서 국제적 명성이 높다. 차의 역사를 소상하게 기술하고 센노리큐의 다실 소개와 더불어 미에 대한 일본인의 선천적인 감성, 기호를 언급하고 있다. 다실이 러브호텔로 전락한 사실은 물론 모른 척했다.

일본에 다도를 전해 준 것은 분명 우리의 선조들이었지만, 오늘날의

에도 시대 유곽에서는 손님이 들면 우선 차와 과자 등을 대접하는 것이 상례였다. 그 유곽의 차맛이 기막히게 좋다는 것은 그 집 여자들의 물건이 명기라는 뜻이었다고 한다.

서양인들한테는 통하지 않는 얘기다. 우리에게는 영문으로, 아니 우리말로 된 차문화 소개서 하나도 변변한 것이 없지 않은가. 오카쿠라가 이미 100년 전에 차문화는 일본인의 미적 표현의 하나라고 서양말로 선전을 해놓았으니, 지금 와서 우리가 전해 주었다 한들 얼마나 설득력 있게 먹혀들겠는가.

일본인은 선천적으로 기록하기를 좋아하는 것 같다. 그들 자신의 언어로는 물론 영어, 독어, 불어로도 부지런히 문화와 예술을 논했다. 그래도 우리는 일본 사람이 한국인보다 외국어에 서툴다는 선입견에 사로잡혀 있다.

1993년 10월, 차문화를 학술적인 측면에서 연구하기 위한 '차의 탕문화학회'가 교토에서 발족되었다. 발기인의 면면을 보면 철학, 미술공예, 건축, 문학, 차도 전문가들이 포함되어 있다. 일본의 차문화는 에도 시대의 퇴폐적 불명예를 씻고 일본 예술의 한 형태로서 다시 새로운 미의 차원으로 승화시키려는 움직임을 보여 주고 있다. 뿐만 아니라 녹차를 많이 마시면 심혈관 질환과 암을 예방하는 효과가 있어 장수할 수 있다는 학설도 정리하려 애쓰고 있다. 녹차가 '장수의 묘약'이라는 주장은 만능적인 인삼 효과에 대한 도전인가.

종군 위안부

종군 위안부라는 것은 군인을 대상으로 한 사실상의 공창제(公娼制) 또는 성적인 노예제를 지칭한다. 군대를 위해 성을 강요당하는 비인간적 제도가 일본에서는 이미 12세기부터 존재해 왔다는 기록이 있다. 이들은 특정 군세에 따라 이동하면서 자위와 전투원의 일원으로 종사하며 성도 공여해야 했다.

대표적인 예로서 가마쿠라 막부 시대의 미나모토 요시토모(源義朝, 1123~60)의 첩을 들 수 있는데 그녀는 여장부로서 이름을 날렸을 뿐 아니라 종군 위안부로서도 대표 주자 격이었다. 이외에도 가마쿠라 막부의 다이묘들은 싸움터에서 위안부들과 어울렸다.

일본 역사를 주의 깊게 살펴보면 권력 기관이 성을 관리하고 이용해 온 전통이 있음을 쉽게 알 수 있다. 도쿠가와 막부가 17세기에 요시와라라는 공창제도를 도입한 것이나 아직도 문제가 되고 있는 2차 대전 중의 종군 위안부, 패전 후의 미군을 위한 매춘녀 그리고 만주와 동남아를 떠돌던 '가라유키상'이라는 외화벌이 일본 매춘부가 이를 단적으로 증명해 주고 있다.

일본은 2차 대전 중 약 5만 명에 달하는 한국의 부녀자들을 강제로 징발하여 종군 위안부에 충당했다. 일본 정부는 처음에는 정부의 관여를 부정하는 입장을 취해 왔다. 1991년 12월, 한국의 위안부 출신 세 명이 보상 청구소송을 제기했을 때도 배상 문제는 이미 끝난 이야기이고 정부와는 상관없는 공창제도의 일부였고 군에서는 성병 예방을 위해서 개입했다는 철면피한 주장만을 되풀이하였다.

더욱 어처구니없고 울화통이 치미는 것은 한국 측이 위안부와 정신대 문제를 혼동하고 있다는 일본 식자들의 지적이었다.

데이신(挺身)이란 일본어의 뜻은 스스로 몸을 바쳐 일한다는 것이고 정신대, 즉 데이신타이(挺身隊)는 스스로 몸을 바쳐 일하는 무리로 해석할 수 있다. 일본 측은 1944년 노동력의 부족을 보충하기 위하여 여자 정신대 근무령을 공포하였다. 이에 따라 만 12세 이상 40세 미만의 여성을 동원하였던 것이고 이에는 일본인뿐만 아니라 조선인, 중국인도 포함되어 있었다는 것이다. 국가가 동원한 것은 정신대였을 뿐 위안부는 애초부터 존재하지도 않았다는 억지이다.

군대 주둔지에는 으레 여자들이 끓게 마련인데, 일본 부대 주변의 창부들이 바로 위안부들이고 어디까지나 자발적 의사에서 돈을 벌기 위한 수단으로 몸을 팔았기 때문에 공권력과는 무관하다는 주장이다. 이들이 의도적으로 외면하고 있는 사실은 종군 위안부의 대부분은 정신대에서 강제 징용당한 한국인 여성들이었다는 점이다. 똑 떨어지게 똑똑한 소리

종군 위안부 출신 할머니들이 한국 국회도서관에서 열린 일본 역사교과서 왜곡 관련 자료전을 참관하고,
위안부 사진을 보며 강제 징용당했던 당시의 일제 만행을 생생하게 증언하고 있다.

를 하고 있는 작자들이 이 엄연한 사실을 모를 리 있을까.

그래도 약간은 양식 있는 체하는 유식자는 종군 위안부에는 한국인,
중국인, 필리핀 여자들만 있었던 것이 아니라 일본 여자들도 있었다는
점을 강조한다. 그렇다. 이들은 일본 장교를 상대할 유녀 출신의 일본 여
성들 일부를 종군 위안부로 징발하여 '일본삐'라고 했다. '썩어도 준치'
라는 일본 속담을 웅얼거리며 시시덕거렸다. 조선인 여성의 경우는 비하
하여 '조센삐'로 불렀다. 조선의 멀쩡한 부녀자를 강제로 종군 위안부로
징발하여 성적 노예로서 학대했던 자들이 일본 여성들도 있었다고 주장
하다니.

전후 사정을 명백히 알고 있는 일본 정부는 당국의 관여에 대해서 오리

발만 내밀었다. 일본 속담에 '거짓말도 방편'이라고 한 것을 알 만하다. 1992년 초 일본 중앙대학의 요시미 요시아키(吉見義明) 역사학 교수가 일본 정부의 관여를 폭로하고 일본 정부의 비겁한 태도를 신랄하게 비판했다. 요시미 교수는 방위청 연구소 도서관에서 '군 위안소 종업부 등 모집에 관한 건'이라는 공문서를 발견했던 것이다.

일본 공권력의 관여가 밝혀지자 일본 정부로서도 더 이상 잡아뗄 수가 없게 되었다. 세계 인권의 보루인 유엔 안전보장 이사회의 상임 이사국 가입을 추진하고 있는 일본으로서도 따가운 국제적 시선을 견딜 수가 없게 되었다.

1993년 11월 한국을 방문한 호소카와 모리히로(細川護熙) 총리는 정상회담에서 모국어 교육의 기회를 빼앗고 타국어의 사용을 강요하고, 창씨개명을 강제하고, 군대 위안부 및 노동자를 강제 연행하여 견디기 어려운 고통을 준 것을 깊이 반성하며 사죄한다고 했다. 비교적 솔직한 사죄로 평가할 수 있다.

그러나 이와 같은 사죄 정신은 그 후의 정부에 계승되지 않았다. 패전 50주년을 계기로 일본 국회가 채택한 결의는 호소카와 총리의 반성과 사죄에서 훨씬 후퇴한 애매한 내용이 되고 말았다. 종군 위안부에 대한 문제도 정부의 관여를 인정하면서도 정부 차원의 배상은 할 수 없으니 기금을 민간으로부터 모금하는 방안을 추진하려는 움직임을 보이고 있다. 반백 년 동안의 역사 인식이 이 정도라니 어떻게 우리가 일본과 일본인을 진정한 이웃으로 신용할 수 있겠는가 하는 의문이 생긴다.

천 년 전의 성전(性典)

지금부터 천 년 전쯤에 일본에서 침술의 도사로 알려진 단바 야스요리(丹波康賴, 1912~95)가 《의심방(醫心方)》이라는 의학서 30권을 간행하였다. 우리나라 《삼국사기》와 《삼국유사》 저술보다 약 200년 가까이 앞선 것이었다. 단바의 4대 선조들이 중국에서 건너왔다는 설도 없지 않지만 단바 집안은 대대로 의사로서 명성을 날렸던 것이 분명하다.

기록을 정리하고 보관하는 데 있어서는 일본 사람을 당해 내기가 쉽지 않다. 기록을 유지하고 보관한다는 것은 지식의 전파와 전승을 의미하는 것이다. 흔한 말로 일본인이 창의성 없고 모방성이 강한 민족이라는 말이 백 번 옳다고 하더라도, 몇백 년에 걸쳐 기록하는 습관을 이어가고 그 기록을 잘 유지하면 창의성이 크게 문제되지 않으리라고 본다.

개개인의 창의성 부족을 기록을 통한 지식의 확산과 계승으로 메워 갈 수 있는 것이 아닐까. 일본이 이과 분야에서 노벨상 수상자를 다섯 명이나 배출한 실력도 이와 같은 무서운 기록성과 결코 무관하지 않으리라.

《의심방》은 현존하는 것 중 일본에서 가장 오래된 의학서이다. 이 책은

단바가 독창적인 연구 결과를 집약한 것이 아니라 중국의 수나라와 당나라 의학서 200여 권을 섭렵하여 그중에서도 일본에 맞는 내용을 발췌, 번역하여 정리한 것이다. 물론 의사로서의 자기 체험이나 지식을 적절히 가감했을 것이다.

책 내용은 치료처방, 약물성질, 침술, 양생 등을 다루고 있는데 특히 우리의 관심을 끌고 있는 분야는 제28권에 나오는 성생활 편이

일본에서 가장 오래된 의학서인 《의심방(醫心方)》의 표지. 천 년 전에 성에 관한 지식을 집대성한 책으로 오늘날까지 애독되고 있다.

다. 이 책은 일본 성(性)에 관한 고전이라고 해도 무방하다. 아마, 일본이 일찍부터 동양은 물론 서양을 압도했던 것은 성문화가 아니었을까.

이 책의 문헌적 가치는, 단바가 번역할 때 일차적인 자료로서 사용했다는 중국 의학서의 원전이 소실되거나 내용이 개편되었기 때문에 그 성가가 더욱 높아졌다. 이 책은 가마쿠라, 무로마치 시대를 거쳐 도쿠가와 막부에 이르기까지 가장 권위 있는 성 지침서로서 천황가와 귀족 사이에 인기가 있었다. 19세기에 들어와서 서양 의술에 의해 밀려나기 전까지는 일본 의술의 핸드북으로서 역할을 톡톡히 했다.

천 년 전에 성에 관한 지식을 집대성한 책이 나왔다는 사실은 일본의 호색문화 발달 가능성을 일찌감치 보여 주는 좋은 예라고 할 수 있다.

《의심방》에서 강조하고 있는 섹스 행위는 음양의 화합에 근거를 두고, 음양의 화합으로 우주 조화가 이루어지듯이 남녀 관계는 조화가 제일이라고 가르치고 있다. 별로 새로울 것도 없는 이야기 같지만 잘 음미해 보면 평범 속에 진리가 있다는 이치에 고개를 절로 주억거리게 될 것이다.

남과 여는 천지의 섭리를 구현한 것이므로 그 교접에 있어서는 일방적인 즐거움을 추구해서는 안 된다고 타이르고 있다. 한쪽만의 즐거움을 취하는 것은 천지의 균형을 깨뜨리는 것과 다름없다고 경고했다. 체위도 30가지가 있다고 설명한 후에 정상위가 가장 자연스러운 것이라고 토를 달았다. 여자의 그곳은 다치기 쉬운 곳이므로 크림을 사용하도록 권장하고 있는 대목도 눈여겨볼 만하다.

지금 읽어 보아도 현대 의학서와 별로 다를 바 없는 충실한 내용들이 많이 포함되어 있다. 하기야 천 년 전의 남녀라고 해서 별다르지야 않았을 것이다. 《의심방》은 아직 인쇄술이 보급되지 않았던 시대에 간행되었지만 필사본으로 널리 퍼져 갔다. 일본의 호색 문화가 찬연히 꽃핀 에도 시대에 이 책이 성에 관한 교과서였을 뿐만 아니라 춘화를 그리는 화가들의 교본으로 쓰였다니 압권 중의 압권이었다. 일본 마쿠라에의 해괴한 동작은 모두 이 책의 체위를 기본으로 하여 약간 변형시켜 가필한 것으로 보아도 틀리지 않다.

《의심방》이 성의 경전으로 애독되었던 일본에서 천 년이 지난 후에는 영국의 소설가 D. H. 로렌스(1885~1930)가 쓴 그 유명한 《채털리 부인의 사랑》의 외설 여부를 가리느라고 7년 이상에 걸쳐 대논쟁이 전개되었다.

1951년 11월 '문화재판'이라고 불린 법정에서 출판사 사장에게는 징역 6월, 번역자에게는 15만 엔의 벌금형이 각각 구형되었다. 결국 이 문제는 1957년 3월 일본 최고 재판소가 상고를 기각함으로써 유죄가 확정되었다.

이 같은 재판의 결과는 외설문학에 대한 당국의 단호한 태도를 보여 준 것이나 그 후의 일본에 있어서 성의 난무와는 참으로 대조적이라고 하지 않을 수 없다. 《채털리 부인의 사랑》이 외설문학으로 단죄되던 50년대 당시와 지금을 비교하면 일본은 섹스 분야에서 경제 발전에 못지않은 눈부신 발전을 이룩했다.

《의심방》과는 직접적인 관계가 없지만 최음제 이야기를 한마디쯤 해야 할 것 같다. 세계 제1급의 호색 연구가를 갖고 있는 일본에서도 강장제의 효용은 상상력에 의한 자기 암시에 불과할 뿐, 일시적인 현상이라고 분명하게 밝히고 있다. 지렁이, 도룡뇽, 살모사, 사철탕도 다 소용이 없으며 나이를 먹으면 약해지는 것이 자연의 이치라고 한다.

강장제와 최음제, 특히 최음제의 경우는 남자 쪽보다는 여성이 은밀히 사용했을 것으로 추정된다. 몸뚱이 하나로 님의 마음을 사로잡아야 할 상황에 처한 후궁이나 여관(女官)은 장기적으로는 중독증으로 고생하는 한이 있더라도 색으로 승부를 보아야 했다. 남자를 낙원에서 끌어낸 것이 여자지만, 남자를 다시 낙원으로 인도할 수 있는 자도 여자뿐임을 확신시켜야 어두운 운명의 터널을 벗어날 가능성이 컸기에 기를 썼다.

일본에서 주로 사용된 최음제 종류는 사향 노루의 성선에서 얻는 물질로 만든 사향, 팥꽃과에 속하는 상록 교목인 침향나무에서 얻은 침향, 알

칼로이드계의 독성을 지닌 투구꽃 뿌리 등이었다.

투구꽃은 우리말로 바곳, 오두(烏頭), 쌍란 국, 초오(草烏)라고 하는데 다년생 풀로서 줄기는 높이가 1m 정도 된다. 잎은 손바닥 모양이며 늦여름에 투구 모양의 청자색 꽃이 핀다. 그 뿌리를 부자(附子)라 하는데 독이 있으며 한약재로 쓰인다.

지금은 북해도를 제외하고는 투구꽃의 서식지가 별로 없지만 옛날에는 일본 열도 어디에나 야생했다고 한다. 이 뿌리가 최음제로 사용된 것이었다. 아이누족들은 이를 이용하여 곰을 포획했다고도 한다.

코끼리의 기다란 상아의 용도는 방어 이외에 동굴 벽 등에서 소금을 찾는 도구로 사용되고 있다. 아프리카의 자연 동물원에서는 아침 일찍 관리인이 물 가까운 곳에 군데군데 소금을 뿌려 둔다. 하루에 한 번쯤은 물과 소금을 보충해야 하는 생리인 모양이다. 코끼리의 상아를 욕심낸 어

《의심방(醫心方)》은 일본 성(性)에 관한 고전이며, 춘화 작가들의 교본으로도 쓰였다.

느 고약한 밀렵꾼이 코끼리가 마시는 물에 수면제를 잔뜩 풀어 놓아 그것을 마신 코끼리가 잠든 사이에 전기 톱으로 상아를 잘라 냈다. 킬리만자로 산자락에 있는 초원에서 상아를 도둑맞은 코끼리 떼가 슬피 우는 소리가 지금도 들리는 듯하다. 아이누족들이 곰을 잡는 방법도 비슷했을 것이고 최음제를 사용하여 남자들의 관심을 붙잡아 두려는 여심도 오십보백보라고 하겠다.

투구꽃의 뿌리는 즉시적인 성욕 자극 효과는 있지만 항구적인 정력제는 아니었다. 일본 도쿄 농과대학의 시라이 미쓰타로(白井光太郎, 1861~1932) 교수는 일본 식물 병리학의 창시자이며 전통적인 본초학의 최후 계승자라는 평가를 받았는데, 그는 투구꽃 뿌리를 물에 타마시면서 그 성질을 규명하는 연구를 하다 타계하고 말았다. 이 뿌리는 맹독성이 있어서 위염이나 내부 출혈이 있을 때 복용하면 즉사하는 것으로, 시라이 박사도 위에 염증이 있었던 것으로 추정된다고 한다.

에도 시대의 대표적인 춘약으로 장명환(長明丸)이란 것이 있었다. 이것은 열대 지방에서 서식하는 교목의 과실을 기름으로 짠 것으로 양근에 발랐다고 한다. 양귀비꽃의 즙을 건조시켜 분말로 사용하기도 하였고, 두꺼비 분비물을 정제로 만들어 복용했다고도 한다.

여자들을 위한 춘약으로는 지황(地黃) 뿌리를 달인 물을 쌀가루나 엿에 섞어 만든 여열환(女悅丸)이 있었다고 한다. 쾌락 추구를 위해 이미 기백 년 전부터 별별 연구들을 다 했지만 신통력이 없었던지 약이란 자기 최면에 불과하다는 평범한 결론을 냈다는 사실에 주목하기 바란다.

말이 씨가 된다

말이란, 참으로 아 다르고 어 다르다는 것을 일상 생활 중에 많이 경험하게 된다. 일본인들은 전통적으로 말에 스며 있다는 영력(靈力), 즉 언령을 중요하게 여긴다. 입으로 말함으로써 그 말을 통하여 현실이 움직인다는 생각이 있다. 말이 씨가 된다는 말과 다름없다. 넉 사(四)는 발음이 죽을 사(死)와 같다고 하여 회피하는 식이다.

지금부터 270여 년 전, 조선통신사의 일원으로 일본을 방문했던 신유한 제술관을 붙들고 일본 측 대표인 아메노모리 호슈(雨森芳洲, 1688~1755)가 간곡한 부탁을 해왔다. 학자적 소양을 갖춘 외교관이었던 아메노모리는 조선에서 일본을 지칭하여 왜국, 왜인, 왜녀 등 왜(倭)로 표기하는 데 대해 불만을 표시하며 앞으로는 일본으로 불러 달라고 간청했다. 그러나 이와 같은 간청에도 불구하고 조선 500년 동안 '왜'라는 단어는 사라지지 않았다.

수년 전 일본 NHK 방송에서 한국어 강좌를 개설하면서 강좌명을 한국어, 조선어 중 어느 것으로 할지 고민하다가 결국 '안녕하십니까'라는 프로명으로 결정지었다. 한 나라의 언어를 인사말로 대치하는 저들의 꿍 꿍이속을 모르는 바는 아니나 개운치 못한 마음이다. 정치색을 배제한다 는 이유라면 '한글'이라고 하면 될 것이 아닌가. 그런데 그렇게 하지 않 은 데는 '한글'에 대한 우리의 민족적 자긍심을 아는 때문이었을 것으로 짐작된다.

아마도 우리 측에서 일본을 '왜'라고 인식한 것은 3세기경 중국의 역 사서인 《위지왜인전》에서 비롯된 것으로 생각된다. 중국 사람의 관점으 로 보면 일본은 하나의 보잘것없는 섬에 불과했을 터이다. 우리 조상들 은 중국의 문헌을 통해서 세상을 파악했던 당시라 아무런 비평 없이 일 본을 '왜'라고 칭하지 않았을까.

왜라고 불렸던 일본은 인구가 언제나 우리보다 세 배쯤 많았고 땅덩이 는 한 배 반쯤 되었다. 결코 우리나라보다 작은 나라가 아닌데도 일본은 우리에게는 '영원한 왜국'으로 남아 있게 되었다. 영국, 이탈리아, 일본 중 가장 큰 나라를 물으면 일본이라고 답하는 독자는 드물 것이다.

시작이 좀 거창한 느낌이 들지만, 호칭 문제는 국가나 개인에게 있어 상징적인 의미가 대단히 크다. 예컨대 일본에서는 옛날에 집안에서 일을 거들어 주는 여자를 하녀라고 했다. 하녀가 어느 틈엔가, 조추(女中)라고 불리게 되었다. 조추는 원래 쇼군의 내실에서 일하는 여자를 칭하였으나 일반적인 하녀의 의미로 변하고 말았다. 하녀는 가정부로 개칭되고 가정 부는 시대의 유행에 따라 메이드로 불려졌다. 지금은 메이드 자체가 없 어져 버려 호칭 문제도 없어졌지만 1930년대에는 전국의 식모 모임을 결성할 목적으로 '가정 근로부인 공제회'가 결성되기도 하였다. 일본인만큼 모임을 잘 만드는 민족도 드물 것이다.

회사 다니면서 양복에 배지를 달기 시작한 것도 그들이고, 자신을 소개할 때도 "아사히신문의 다나카인데요."라는 식으로 소속 단체를 먼저 밝혀야 속이 편하다.

일본에서는 모든 호칭을 영어화하고 있다. 창녀에 대한 호칭도 그렇다. 웃음과 성을 판다는 사실 자체는 마찬가진데 매소부, 매춘부, 매음부, 유녀, 창녀, 창기 등으로 불려 오다가 요즈음에는 풍속산업에 종사하는 여자, 소푸란도(soap land) 근무자 등으로 어지럽게 변했다. 호스티스라는 애매한 호칭도 곁들여져 있다.

몸을 파는 일을 풍속산업이라고 부르는 저들의 생각을 이해하기가 힘들다. 옛날부터 아름다운 여자는 특정인에게 예속되지 않고 공유물처럼 여기는 '풍습'이 있었다는 것인지 그 유래에 대해 고개가 갸웃해진다.

물론 우리말도 예외는 아닐 것이다. 수년 전 모스크바에 처음 부임했을 때, "서씨, 갈보가 없어 지내기 힘들지요?" 하는 질문 아닌 질문을 받고 눈물이 나도록 웃은 기억이 있다. 웃음과 몸을 파는 여자에 대한 고전적 호칭인 '갈보'라는 말에, 살벌하게만 느껴지던 모스크바가 고향처럼 다정하게 다가왔기 때문이다. 붉은 제국에 사는 친구가 이미 화석화되고 있는 어휘를 되살려 준 것이, 우선은 놀랍고 반가웠다. 그는 누런 틀니를 그대로 내보이며 "갈보는 논다니라고도 하지요."라고 덧붙여 만만치 않은 우리말 실력을 과시했다.

1930년대 카페, 바, 호텔 등의 선전용 라벨. 지금 보아도 에로틱하고 모던한 디자인이 돋보인다.

나도 말이라면 질 수 없다는 듯이 갈보 없이도 지낼 만하다고 사설을 늘어놓았다. 모스크바 부임 직전에 훈련소에 입대하는 장정처럼 성욕 억제 주사를 2회나 맞고 와서 2년은 도를 닦는 선승처럼 끄떡없이 지낼 수 있다고 했다. 설마, 그런 주사가 있겠는가, 하면서 주사약명을 가르쳐 달라는 그에게 'KGB'라고 써주고 모스크바에서는 KGB의 미인계 때문에 애당초 그럴 생각이 없다는 설명을 곁들였더니 그는 크게 웃어제쳤다.

이런 수작으로 해서 그는 그해 토정비결에 나온 '북쪽의 귀인'이 되어 모스크바의 힘든 생활을 물심양면으로 많이 도와주었다. 역시 성과 관련된 주제는 이념을 초월한 윤활유임을 확인했던 시절이었다.

그 똑똑한 러시아 친구가 어느 날 '련합통신'과 '연합통신' 중 어느 것이 더 신뢰성이 높으냐는 얼빠진 질문을 해와 나로 하여금 박장대소케 했다. 두음법칙을 알 리 없는 그로서는 당연한 질문이었을 게다.

한국 인명사전을 구해 달라는 부탁을 받고 한 권 주었더니 순 한글로 된 인명사전이 없느냐는 물음이었다. 그런 사전은 없다는 퉁명스러운 나의 대답에 러시아의 한국 전문가인 그는 "아이고, 주체사상이 사람 죽인다."며 엄살을 떨었다. 북한에서는 주체사상 운운하면서 한자 교육을 전혀 실시하지 않기 때문에 '김일성 대학'에서 공부한 그로서도 어쩔 수가 없었다.

모름지기 호칭은 사실과 부합하되, 이왕이면 상대편에 대한 배려가 깃들어야 한다는 이야기를 하고 싶다. 일본과의 관계에서도 가급적이면 서로를 비하하는 어투는 삼가는 것이 좋을 것이다.

한일 간의 문제점을 한마디로 요약하면 3D이다. 즉 disregard, distrust, dislike로서 서로를 인정하지 않고, 거기에서 상호간에 불신이 싹트고, 그 불신은 다시 어쩐지 싫다는 감정으로 이어진다는 것이다. 새로운 세기는 이 'dis'라는 접두어를 어떻게 없애 가느냐가 과제가 될 것이다.

히데요시의 비극

16세기 전쟁이 끊이지 않던 전국 시대를 살았던 오다 노부나가(織田信長, 1534~82), 도요토미 히데요시(豊臣秀吉, 1536~98), 도쿠가와 이에야스(德川家康, 1542~1616)는 독특한 개성을 지닌 인물들이었다.

천재적인 군사 재능을 지닌 노부나가는 천하통일의 꿈을 이룬 문턱에서 가신의 배반으로 비참한 최후를 맞이하였다. 히데요시는 노부나가와 나이는 불과 두 살밖에 차이가 안 나지만 노부나가를 하늘처럼 받들며 그의 지략을 배웠다. 도요토미(豊臣)라는 의미는 신하 중의 신하라는 뜻인데, 이는 노부나가가 히데요시의 충성을 높이 사서 내린 성이었다.

히데요시도 출세한 후에 스승 노부나가를 흉내내어 영주들에게 이름을 하사했다. 그러나 이들은 천하의 대권이 도쿠가와에게 돌아가자 본래의 이름으로 다시 돌아가거나 도쿠가와 집안의 성으로 개명하였다. 비굴하고 천한 짓거리가 아닐 수 없다.

이에야스는 노부나가, 히데요시의 심복으로서 참으로 오랫동안 인내심을 갖고 기회를 기다려 천하를 통일하고 250여 년 동안 계속된 에도(江

1585년 토요토미 히데요시에 의해 지어진 오사카 성의 위용. 화려하고 웅대한 이 성은 당시 3만 명의 인부를 동원하여 3년 만에 완공했다. 현재의 건물은 1931년에 철근 콘크리트로 다시 재현하여 건축한 것이다.

戸) 막부를 열었다.

이 세 사람은 오늘날에도 많은 학자들의 연구 대상이 될 만큼 특이한 존재들이었다. 많은 차이점에도 불구하고 한 가지 공통되는 점은 그들 모두 색을 몹시 밝혔다는 점이다. 이들은 본처나 측실 이외에 자기 부하들의 부인을 넘보고 툭하면 손을 내밀었다. 주종 관계의 윤리가 생명만큼 중요시되던 시기였기에 내 것은 내 것이고, 네 것도 내 것이라는 놀부 심보가 허용되었다.

일본에서 우리나라로 흘러들어 온 소리로 생각되는데, '일도이비삼첩사기오처(一盜二婢三妾四妓五妻)'라는 말이 있다. 굳이 설명이 필요 없지만 섹스 상대로서 으뜸은 임자 있는 여인을 훔치는 것이며 두 번째는 자신이 부리고 있는 사람, 예컨대 가정부나 여사무원, 세 번째는 애첩, 네 번째는 호스티스, 마지막이 백년해로를 약속한 부인이라는 것이다.

'일도이비삼첩사기오처'를 흉내내려면 보통 간이 큰 남자가 아니면 어림도 없을 터이다. 그런데 요즈음 일본사회의 현상을 보면 반드시 그렇지만도 않은 것 같다. 소위 불륜 관계가 사회 문화적 풍속이자 심지어 하나의 라이프 스타일(life style)로 자리잡지 않을까 하는 우려도 없지 않다. 40대 전문직 여성의 일과 사랑을 묘사한 《여자 한창 때》라든가 《국경의 남》, 《태양의 서》라는 소설은 중년 남녀의 불륜을 테마로 한 것인데 화제의 베스트셀러로 꽤나 팔려 이 같은 변화의 조짐을 보여 주고 있다.

요즈음에는 불륜 관계가 발전하여 서로가 합의만 하면 결혼 후에도 애인을 갖고 가끔 데이트도 즐기며, 또 불륜 관계에 있는 상대방의 가정도 방문하는 '신불륜 관계'라는 변태적 형태의 애정 관계도 등장했다고 한다. 순수한 사랑은 존재하지 않는다는 황폐한 사고방식의 형태라고 하겠다.

일본 전국 시대의 호걸들은 전략에 못지않게 여색에 대한 악취미로 악명이 높았던 모양이다. 그래서 그들은 청탁을 가리지 않고 마음 내키는 대로 여색에 몰두했다. 가신이 갖고 있는 보물 중 가장 소중한 것은 그들의 아름다운 아내였다. 하극상이 일상화되던 전란의 시대에, 한 여자를 공유한다는 의미는 어떤 면에서는 인간 관계를 가장 확실히 하여 배반을 막는 방법이 될 수도 있었다. 어떤 경우에는 가신 쪽에서 야비한 출세 수

단으로 역이용한 예도 있다.

옛날 우리나라에도 성 상납과 비
슷한 형태로 옥살이를 하고 있는
가장이 원님에게 자신의 어린 딸을
관기로 바치면 방면된 관례가 있었
다. 그래서 가장 효력이 큰 뇌물은
성 상납이라고 한다. 색은 받는 쪽
이나 제공하는 측이 인간적으로 가
까워졌다고 생각하게 마련이다.

도요토미 히데요시(豊臣秀吉, 1536~98)

모리 란마루(森蘭丸)라는 소년과의 남색으로 유명했던 노부나가는 여
자를 싫어한 것으로 알려져 있지만 그는 부하들의 아내도 탐했고 자식을
21명이나 두었다고 한다.

히데요시의 고약한 유부녀 선호 습관 때문에 부하들 중에는 자기 부인
에게 일부러 가벼운 화상을 입혀 못나 보이게 만들었다는 일화도 있다.
히데요시는 비천한 가문에 태어난 데다가 얼굴은 원숭이를 연상시키는
형상이었고 게다가 키가 몹시 작았다. 그는 자신이 권력을 잡자 3만 명의
인부를 동원하여 화려하고 웅대한 오사카 성을 지었다. 크고 화려한 것
을 좋아하는 취향이었다.

스탈린도 키가 160cm 정도의 단구였는데 그 역시 큰 것을 좋아했고
정력이 절륜하여 '크렘린의 여인들'을 거느렸던 숱한 무용담은 지금도
전설처럼 전해져 온다. 모스크바에서 가장 웅장하고 높은 건물을 목격하

면 스탈린 시대의 건축물이라고 단정해도 좋다. 외무성, 모스크바 대학, 우크라이나 호텔 등이 그에 속한다.

이토 히로부미(伊藤博文)도 키가 고작 160cm를 간신히 넘었지만 역시 여자 밝히는 데는 당대 제일이었다고 한다. 도쿠가와 역시 키가 155cm 전후에 불과했지만 정력은 대단했는데 그는 주로 전쟁 미망인을 상대했다고 한다. 우수가 깃든 외로운 전쟁 미망인의 모습은 고독한 소년 시절을 보냈으며 전국 시대를 살아남은 도쿠가와에게 연민과 색다른 욕정을 불러일으켰는지 모르겠다.

히데요시는 귀부인들을 닥치는 대로 괴롭혔다고 하는데, 이는 별볼일 없는 가문 출신과 신체적 열등감에서 오는 비뚤어진 우월감의 표시이자 치졸한 지배 심리의 확인이었다고 하겠다.

히데요시는 본처 1명, 애첩 16명, 측실 300명을 거느렸지만 오십 줄에 접어들어서도 아들이 없어 고민하던 중 가까스로 애첩에게서 아들이 태어났으나 세 살 되던 해에 요절하고 말았다. 애첩은 히데요시가 죽기 5년 전에 차남 히데요리를 생산했다. 당연한 일이지만 히데요시는 인생 말년에 얻은 아들과 그의 생모인 애첩 요도기미(淀君)에게 깊은 애정을 쏟았다. 고슴도치도 아들을 귀여워한다는 말 그대로, 잔혹한 성품의 히데요시도 말년에 얻은 아들을 금지옥엽으로 소중히 했다. 조선으로부터 사절을 맞이할 때도 어린 아들을 강보에 싸들고 나타났을 정도로 사랑이 깊었다.

히데요시의 사랑을 독차지한 히데요리의 출생과 관련, 에도의 사서

오다 노부나가(織田信長, 1534~82)   도쿠가와 이에야스(德川家康, 1542~1616)

《명랑홍범(明朗洪範)》은 히데요시의 자식이 아니라고 기록하고 있다. 히데요리가 태어났을 때 히데요시는 57세의 노인으로서 죽음을 불과 수년 앞둔 시점이었기 때문이었다.

히데요시는 서서히 다가오는 저승사자의 발걸음 소리에 어린 아들의 앞날이 불안해서 견딜 수 없었다. 때문에 주름진 얼굴에 수심이 가득한 표정을 지으면서 기회 있을 때마다 이에야스를 비롯한 주위의 대로들에게 후사를 당부하였다. 그는 그것도 미심쩍어 아들에게 충성한다는 서약문을 작성하여 혈판을 찍게 하였다. 손가락의 붉은 피로써 맹세를 한다고 천하통일의 야망을 가진 그들이 약속을 지키겠는가.

히데요시 자신도 핏덩어리를 생각하는 부정에서 혈판을 강요하는 것이 부질없고 어리석은 짓인 줄은 뻔히 알았을 것이다. 히데요시는 1598

년 62세로 죽었다. 그의 후계자는 죽음의 의미조차도 알 수 없는 세 살배기의 철부지였다.

이에야스는 도요토미가 죽은 후, 자신의 손녀를 아직도 나이 어린 히데요리의 아내로 삼게 하였지만 도요토미에게 약속한 바대로 충성을 할 생각은 전혀 없었다. 이에야스는 오늘날 난세를 이어받아 갖은 역경을 무릅쓰고 260년의 태평성대를 열었다고 칭송받고 있으나 사실 그는 부도덕한 인물이었다. 정치 세계에서의 승자는 언제나 정의이며 충신인가 보다.

과대망상증이 있는 히데요시는 조선에 명나라를 정복하러 나서니 길을 안내하라는 도전적 요구를 했다. 제 집안 식구 하나 제대로 건사하지 못한 주제에 신의 나라, 신의 계시 운운하면서 무모한 전쟁을 도발하였던 것이다. 그가 죽자 본처와 측실 간의 암투가 치열해졌다. 본처 네네는 아들을 못 낳아 당한 구박과 설움으로 자존심이 상할 대로 상해 있었다. 당연히 그녀는 히데요시의 총애를 한몸에 받았던 요도기미에게 적대적일 수밖에 없었다.

히데요시의 조강지처는 눈에 흙이 들어가는 한이 있더라도 요도기미가 잘되는 꼴은 못 보겠다는 태도로 이에야스 측에 가담하여 분풀이를 했다. 성격이 불 같은 데다 질투의 화신이 된 그녀에게 히데요시의 유언 따위는 안중에도 없었다.

히데요시가 죽은 지 17년째가 되던 1615년 이에야스가 히데요시의 아들과 그의 생모 요도기미가 진을 치고 있는 오사카 성을 공격하자 그들은 세의 불리함을 알고 자살하고 말았다. 도요토미의 씨가 말라 버리고 히데요시의 꿈은 물거품이 되어 버렸다.

히데요시의 본처는 이에야스로부터 1만 6,000석의 영지를 받고 산사에서 조용한 말년을 보냈다고 한다. 히데요시가 조강지처를 중히 여기고 턱 없는 과대망상증에 사로잡히지 않았더라면 도쿠가와 막부는 탄생하지도 않았고 한일 양국 간에 깊은 불신의 골이 패이지도 않았을 것이다.

참으로 이상한 일은 히데요리에게 시집간 이에야스의 손녀는 오사카 성이 떨어질 때 남편과 운명을 같이하지 않고 목숨을 부지했다는 사실이다. 당시의 윤리 관념으로는 마땅히 남편과 함께 순사했어야 했다.

이에야스의 손녀는 일본 역사에 '서방 잡아먹는 계집'으로 기록되어 있다. 천 명의 사내를 상대했다고 해서 센히메(千姬)라는 별명으로 통한 그녀는 때와 장소를 가리지 않고 남편 허리춤을 잡고 앙탈을 부린 요부로 기술되고 있다.

두 번째 남편도 7개월 만에 저승으로 쫓아 버려 센히메의 요부로서의 명성은 확실해졌다. 결혼을 포기하고 뭇 사내를 상대하던 센히메는 말년에 불문에 들어가 제 명을 못 살고 스러져 간 '나의 남자들'을 위해 명복을 빌었다고 한다. 이 모든 것이 도요토미 히데요시의 업보이고 자업자득이란 생각을 하지 않을 수 없다.

요시와라는 사라져도

1958년 4월, 일본 당국은 매춘방지법을 전국적으로 실시하였다. 역설적인 현상으로 바로 이 법의 시행으로 인해 성의 상품화가 다양해졌고 가속화되었다는 것은, 오늘날의 일본 현실이 잘 말해 주고 있다. 성(性)이 정서의 대상이 아니라 물건처럼 취급된 것이다.

매춘방지법 제정을 계기로 일본의 성풍속은 성이 난무했던 에도 시대로 돌아간 듯하다. 역사는 돌고 도는가. 요시와라라는 공창과 비공인의 매춘 장소인 목욕탕이 반비례적 관계였던 것처럼 공권력에 의한 매음 금지는 목욕탕 매춘업에 활기를 주었다.

도루코(Turkey)탕의 등장이 그것이다. 터키 등 이슬람 세계에서 성행하여 전래된 건조욕이 일본에서는 목욕탕을 빙자한 '쉬었다 가는 곳'으로 둔갑을 했으니 터키 정부에서 가만히 있겠는가. 터키 측의 항의로 도루코탕은 소푸란도(Soap Land)로 간판을 바꿔 달고 일본 전역으로 독버섯처럼 번져 나갔다. 80년대 버블 경제 때는 성을 다루는 영업이 성황을 누렸으나 요즈음은 다소 주춤하는 경향이라고 한다. 일본 전역에 1,300

여 개소가 성업 중이라 한다.

매춘과 연결되는 유흥업을 풍속산업이라 부른다. 문제는 이곳에 뛰어 드는 여자들이 먹고살기 위한 수단으로 절박한 상황하에서 선택하는 것이 아니라 돈을 간단히 벌기 위한 방법으로서 가벼운 기분으로 성을 팔고 산다는 것이다. 젊은 육체가 부가가치가 높다는 것을 안 것이다.

20년 전쯤, 일본 민영 방송국의 TV 〈11P.M.〉이란 심야 프로를 보고 깜짝 놀란 적이 있다. 포르노 필름에 약간 손질을 가한 듯한 내용물이었던 것으로 기억된다. 저녁 11시가 넘어서 방영되는 성인용이었다. 성풍속이 안방까지 여지없이 파고들겠구나 하는 생각을 했다. 그래도 그때는 마지노선이란 게 있어서 아슬아슬하게 피해 나갔지만 지금은 그 최후의 일선마저 무너진 느낌이다.

20년이 지난 오늘날 일본의 밤거리, 특히 도쿄의 시부야나 신주쿠 등 유흥 밀집 지역의 밤풍경은 갈 데까지 간 것으로 보아도 좋을 장면들이 연출되고 있다.

아사히신문에서 발행하는 주간지 〈아에라(AERA)〉는 1995년 2월 27일자 기사에서 '색정의 왕국 일본'이란 특집을 다루었다. 성적 쾌락이 산업화되고 있는 나라는 세계에서 일본뿐이라고 지적하고 있다.

〈아에라〉지가 소개하는 시부야의 어느 환락 호화 아파트에는 SM클럽의 방이 25실이나 들어앉아 있다. S는 가학성 음란자를 말하는 사디스트(Sadist)의 S자를 의미하고 M은 피학성 음란자인 마조히스트(Masochist)의 M자를 나타낸다. 따라서 SM클럽은 신체적 고통을 가하거나 받음으로써 성적 만족이나 쾌감을 느끼는 변태 성욕자들의 클럽을 말한다. 100억 원 정도 돈을 들여 실내 장식을 했다는 설명이다. 화대가 40만 원에서부터 120만 원에 달한다. 2~3일만 일하면 한 달 급료를 벌 수 있는 셈이니 젊다는 것이 돈이 된다는 것을 터득한 아가씨들이 발을 한번 들여놓으면 빠져나오기 어렵게 되어 있다.

구약 성서에 나오는 '소돔과 고모라'가 일본 도쿄의 번화가에서 재현되고 있다. 별스러운 쾌락을 추구하기 위해 진료실, 여자 기숙사, 사무실을 아파트 실내에 설치하고 난교, 임신부 학대 등 광란의 도가니에 빠져들고 있다.

여고생들까지 용돈(?)을 벌기 위해 나서는 경우도 있어 사회 문제가 되고 있다. 1990년대 중반 독버섯처럼 돋아나기 시작한 엔조 코사이(援助交際), 즉 원조교제는 일본 젊은이들 사이에 흔히 '엔코'로 통한다. 여고생들이 돈을 받고 성인 남성과 사귀는 행위를 그럴듯한 조어로 표현한 것이다. 매춘 행위를 빗댄 말장난에 불과하다.

1995년 이전에는 대체로 호기심에 의한 교제가 많았다. 먹고살기 위해 성을 파는 것이 아니라 용돈을 여유 있게 쓰기 위해 원조자를 찾아 나서는 것이다. 한편으로는 아버지에게 마음에 와닿는 애정을 느끼지 못한 소녀들이 원조교제에 빠져든다는 조사 보고도 있다. 소녀들은 가끔씩 용돈을 넉넉하게 받더라도 아버지와 교감이 없거나 가정에 불만이 생기면 비뚤어진 형태로 행동한다.

일본에서는 원조교제를 근절하기 위해 1999년부터 아동매춘 · 포르노

에도 시대 유녀들의 집단 거주지였던 요시와라는 사라졌지만, 오늘날 도쿄의 시부야나 신주쿠 등 유흥 밀집 지역의 밤 풍경은 아직도 환락의 극치를 이루고 있다.

금지법을 제정하여, 위반자에게 3년 이하의 징역 또는 100만 엔 이하의 벌금형을 내린다. 이 법률을 시행한 지 반년이 지나, 도쿄 지방재판소의 무라키 야스히로(村木保) 현직 판사가 중학교 2학년 여학생과의 매춘행위 혐의로 체포되어 일본 사법계를 발칵 뒤집어 놓았다. 무라키 판사는 인터넷 밀회 사이트에서 소녀를 알게 돼 도쿄 관사와 멀리 떨어진 가와사키에서 만났다고 한다. 결국 재판의 신뢰성에 먹칠을 한 행위로 탄핵 재판에 회부되어 파면되었다. 변호사 개업도 할 수 없게 되었으니 꽤 값비싼 대가를 치른 셈이다.

1999년 도쿄 성교육 연구회의 조사 결과에 따르면 고등학교 3학년 생의 성 경험률은 남자 37%, 여자 39%로 여학생이 남학생을 약간 웃돈다. 청소년들은 피임에 대한 의식이 부족하여 임신중절이 급격히 늘어나고 있다. 스무 살 미만의 중절은 96년부터 증가하기 시작해 2000년에는 사상 최고 기록인 4만 4,477건으로 5년 전보다 무려 일곱 배나 늘어났다. 총 중절 건수 3만 41,146건 가운데 13%를 차지하고 있는 셈이다. 우려할 점은 해마다 늘어나는 성병이다. 일본 중·고등학생들의 약 70%가 친구들에게 고민을 털어놓고 상담하지만 선생님에게는 4%만이 의논한다니 병이 치료될 리가 없다.

이는 단지 이웃 나라 일본만의 이야기가 아니다. 한국의 성풍속도 급격히 변하고 있어, 러브호텔의 범람이나 인터넷 채팅, 청소년 성매매도 결코 일본 못지않다. 우리나라에 매춘 여성이 120만 명 이상 된다는 신문 기사가 이를 뒷받침한다. 2001년 미국 국무부는 세계 82개 국을 대상으로 조사한 인신매매 보고서에서 한국을 최하위 등급인 3등 국가로 판정하였다. 한때 우리나라에서도 원조교제라는 일본어를 그대로 사용하는가 싶더니 지금은 '청소년 성매매'로 부른다. 얼마 전 청소년을 대상으로 성범죄를 저지른 2,400여 명의 사진과 정보가 청소년보호위원회 홈페이지 등에 공개되었다.

섹스 산업에 종사하는 여성들에 관한 음란한 카탈로그가 편의점에서 당당히 팔리고 있다. 왕년의 요시와라가 자리잡았던 도쿄의 다이토(台東)의 주변에는 여자들의 정보를 무료로 제공해 주는 다방이 속속 개점을 하고 있다고 한다. 외양은 일반 커피숍과 같으나 종업원이 여자 사진을 펴보이며 손님의 주머니 사정에 맞는 아가씨를 소개하는 일종의 중개업이다.

일본은 세계에서 가장 원조를 많이 하는 나라이다. 또한 먹고 마시는 시장에도 가장 많은 돈을 쏟아

풍속산업이라는 이름 아래 범람하는 환락가의 섹스광고 전단지 중의 하나. 도쿄의 시부야, 신주쿠 등의 유흥 밀집 지역의 밤 풍경은 마치 에도 시대로 다시 돌아간 듯하다.

붓는 나라이다. 도쿄 시내에 8,000개의 바가 있고 전국적으로 계산하면 17만 개 정도라고 한다. 우리 돈으로 연간 30조 원 정도가 풍속산업의 전사들을 위해 뿌려지고 있다고 하니 놀라운 일이다. 자기 돈 자기 마음대로 쓰는데, 제3자가 더욱이 외국인이 웬 시비냐고 하면 할 말은 없다. 언

필칭 지구촌 시대를 더불어 살아가고 있는 오늘날, 굶어 죽어가고 있는 동시대인에 대한 배려가 필요하다는 점을 강조하고 싶을 뿐이다. 그 이웃에 살고 있는 우리는 결코 일본의 인간 상실과 변태 문화를 흉내내어서는 안 되겠기에 관심을 쏟는 것이다.

도쿄의 한 켠에서 이루어지고 있는 극성스러운 쾌락의 광란극이 1억 2,000만의 일본인 전체의 모습일 수는 없다. 일본을 향해 돌을 던질 자신도 없다. 경제 대국 일본에만 배금주의가 만연하고 있다고 보지는 않는다. 세계적인 지도국가가 되기 위해서는 돈만 있으면 되는 것이 아니라는 것쯤은 일본인 자신도 익히 알고 있을 것이다.

1994년 노벨 문학상을 수상한 오에 겐자부로(大江健三郎)가 천황이 수여하는 문화훈장을 거부한 행위는 역사 인식을 다시 하자는 호소로 생각된다.

1인당 국민소득 3만 불 시대를 눈앞에 두고 있는 일본에서는 '청빈의 사상'이 널리 읽히고 중동과 아프리카의 험지에서 현지인과 어울려 고생하는 청년들이 4만 명에 이른다고 한다. 일본의 모습은 양극단을 치닫는 면도 있고 괴짜도 기인도 많은 그야말로 이해하기 어려운 나라이기에, 시부야 밤거리의 한 장면을 확대 해석하고 싶지는 않다.

다 내력이 있다

일본 역사에는 모계 사회의 흔적이 곳곳에서 묻어난다. 모교, 모회사라는 단어 역시 이를 보여 주는 예라고 한다. 고대 일본의 결혼제도에 부부가 따로 살면서 남편이 밤에 아내의 처소를 출입하는 쓰마도이(妻問い) 혼인도 있었다. 대개 한 마을에서 결혼했던 관계로 가능했으며 이 같은 혼인제도의 배후에는 여성의 노동력을 높여 무라(村)의 생산력을 제고시키려는 의도가 있었다는 설명이 뒤따르고 있다.

8세기에 편찬된 《고사기》, 《일본서기》에 나오는 고대 가요는 자연을 노래한 것은 거의 없고 남녀 관계에 집중되어 있다. 7~8세기의 노래 4,500수가 담겨 있는 일본의 서정시집 《만엽집(萬葉集)》의 대부분은 여류 가인들의 사랑 노래인데 표현이 은유적이라기보다는 직설적이다. 일본 문학이 옛부터 자연보다는 사랑을 주제로 삼았음을 보여 주는 예다.

이에 반해 우리는 사랑의 표현에 은유법을 많이 사용한 것으로 보인다. 예컨대 고구려 유리왕 3년에 지어진 것으로 알려진 〈황조가〉를 보아도 그렇다.

펄펄 나는 꾀꼬리는

암수 서로 놀건마는

외로운 이내 몸은

뉘와 함께 돌아갈꼬

11세기 초에 완성되어 일본 고전문학의 최고라는 평가를 받고 있는 《겐지 모노가타리(源氏物語)》는 54권이나 되는 대장편 소설이다. 이 소설의 주인공 히카루 겐지(光源氏)는 아무런 금기 없이 10명 정도의 여인과 사랑의 유희를 벌이고 있다.

일본 신화는 물론 고대 가요나 소설에 있어서도 주로 다루고 있는 것은 자유분방한 남녀 관계, 즉 성(性)이었다. 성에 대해서 관대했으며 이성교제가 많다고 해서 불결하다는 생각은 없었던 것 같다. 오늘날의 성의식이나 도덕 기준으로 보면 이해하기 어려운 점이 없는 것은 아니다.

그러나 천황가는 달랐다. 신의 영성을 계승해야 하기 때문에 황실의 순결성 유지가 중요시되었다. 후궁에 대한 관리는 엄격했다. 한 번 천황과 관계를 갖게 되면, 일생에 있어서 그 하룻밤으로 끝나도 그녀는 영원한 천황의 여인으로 남아야 했다. 더 이상 총애를 받지 못한 여관은 신에 봉사한다는 역할이 없어졌다는 명분으로 투신 자살한 비극도 있었다. 동서고금을 막론하고 군주는 여성의 비극적 운명 위에서 성(性)의 자유를 만끽했던 사람들이다.

일본의 성풍속 중 요바이(夜這い)란 재미있는 풍속이 있다. 요바이는

자유분방한 남녀관계, 즉 성(性)을 자유롭게 즐기던 에도 시대의 풍습에 따라 당시의 풍속화인 우키요에도 남녀 교접의 자태를 더욱 에로틱한 화법으로 그렸다.

구혼, 혼인을 의미하는 일본 고어이다. 요바이란 남자가 여자의 침소에 몰래 숨어들어 정을 통하던 행위를 말한다. 결혼으로 연결될지는 별문제로 하고 성관계를 갖는 것이다. 딸을 둔 부모도 하나의 전통이려니 하고 딸의 침소를 넘보는 이리떼를 못 본 체했다. 오히려 나이 찬 딸을 가진 부모는 밤에 자기 딸을 찾아오는 남자가 없으면 신체적 결함이 있는 게 아닌가 하고 속으로 은근히 걱정했을 정도라고 한다. 어떤 경우에는 여자 쪽에서 먼저 "오늘밤 기다릴게."하는 식으로 꼬리를 쳤다.

헤이안 시대의 정열적인 여류작가 이즈미 시키부(和泉式部)처럼 불특정 다수의 남자를 경험하면서 일본의 처녀들은 성숙해져 갔다고 하겠다. 처녀성이나 정절을 귀중히 여기는 순결주의는 본래 일본의 전통이 아니었다. 요바이 대상은 처녀뿐만 아니라 과부나 소박맞은 여자에게까지 용인되었다.

1920년대 중반부터 10여 년간 농촌을 누비면서 성규범을 조사하여 《요바이의 민속학》, 《촌락 공동체와 성규범》을 저술한 아카마쓰 게이스케(赤松啓介)라는 민속학자에 의하면 요바이는 사적인 행위가 아니라 무라(村)의 공적 성격을 띤 행위라고 했다. 공동체의 일체감 조성에 기여했다는 의미이다.

일본에는 요바이 이외에도 성을 자유롭게 즐기는 '가가히'라는 축제가 있었다고 한다. 봄, 가을 두 차례 남녀의 무리가 모여 음식과 술을 나누며 한바탕의 춤판을 벌이고 마음에 드는 여자와 더불어 사랑 놀음을 하는 것이다. 일본은 유교를 받아들이기 전까지는 처녀들의 정조 관념이 거의 없었다고 해도 과언이 아니다. 우리나라의 '과부보쌈'과 엇비슷한 점이 다소 있다. 옛날 재혼 기피의 풍속이 퍼져 있을 때 늙은 총각이나 홀아비가 야밤에 과부를 업어 가면, 빼앗기는 쪽에서는 체면상 쫓는 시늉을 하면서 재가를 눈감아 주었다. 이미 서로 눈이 맞은 다음에 그믐날 밤을 약정해서 업혀 가기도 했을 것이다. 우리나라의 성풍속을 보여 주는 대표적인 예는 〈처용가〉라고 하겠다.

동경 밝은 달에
새도록 노닐다가
들어와 자리 보니
둘은 내 해이고
둘은 뉘 해인고
본디 내 해이지만
빼앗겼으니 어찌할꼬

처용의 아내와 엉켜 있는 사내가 역신이라는 설도 있고 아라비아 사람이라는 이설도 있지만 이 노래가 시사하는 바는 신라와 고려 시대의 성풍속이 주자학 일변도의 조선 시대와는 판이했다는 것이다. 고려 시대 궁중 연회에서 불려졌던 〈만전춘〉, 〈이상곡〉은 남녀 간의 사랑을 노골적으로 표현한 가사 때문에 유교 지상주의의 조선에서는 배척받았는데, 이는 성(性)이 음침한 지하로 숨어든 것을 의미했다.

요바이에 따른 임신의 결과를 어떻게 했는지는 문헌에 명백하게 나와 있지 않으나 짐작컨대 농경 사회에서의 다산은 노동력의 증가로서 환영받았던 것이라 문제시되지 않았을 것이다. 요바이는 시대의 변화와 더불어 윤리에 반하는 음란 폐습으로 치부되었다. 특히, 메이지 유신 이후 서구 문명을 수용하려는 열기가 강해지면서 요바이는 자연히 반문명적인 행위로 매도되어 그 근절 시책을 폈고, 민간 단체가 적극 계몽운동에 나섰다.

희한한 역사적 역류 현상이 나타나고 있다. 남자들이 마음대로 성을 즐기던 요바이 시대에 대한 향수를 자극하기 위해서인지 도쿄 유흥가에 요바이 색주가가 등장하였다. 목조 건물을 임대하여 약간 내부 수리를 한 매음굴이다. 잠옷 차림의 매춘부들이 요조숙녀인 양 폼을 잡고 누워 있으면 그 옛날의 흉내를 내는 카사노바의 후예들이 고양이 걸음으로 숨어들어서 사랑을 나눈다는 희극적인 연출을 재현하고 있다.

서글픈 친구들이라는 생각이 든다. 물질적 번영 속에서 정신적인 면을 상실한 민족은 어김없이 멸망의 길을 걸었다는 것을 상기시켜 주고 싶다. 물질적 풍요를 누리면 정신을 소홀히 하게 되는 것은 개인이나 민족이나 마찬가지인 모양이다. 더욱이 상황주의적인 현실주의 성향이 강한 민족은 찰나적 쾌락에 탐닉하게 되는 것이 아닌가 한다.

일본 고교생의 반수 이상이 장래보다는 지금을 즐긴다는 조사 결과가 있으며 사회적인 자원봉사는 미국의 15분의 1에 불과하다고 한다. NHK TV에서는 고교생을 대상으로 콘돔 사용방법을 가르쳐 줄 정도로 성은 넘쳐 나고 있다. 1992년 4월부터 국민학교 5학년 교과서에 월경, 사정, 인간의 탄생에 관한 그림과 남녀의 전라가 그대로 실렸던 관계로 1992년

을 '성교육의 원년' 이라
고 한다.

요바이 형태뿐만 아니
라 서두에서 잠깐 언급한
쓰마도이 결혼 형태도 되
살아나고 있다. 젊은 남
녀가 정식 결혼은 안 하고
간간이 애인집에 오가는
형태의 동거 생활이다.
결혼이 여자의 인생 그 자
체였던 과거와는 달리 지
금은 여자에게 있어 결혼
은 하나의 선택에 지나지
않는다는 인상이다. 결혼
을 자동차 살 때 부착하는

청소년의 에이즈 감염 예방을 위한 콘돔 사용 권장 가두 캠페인.

에어컨이나 스테레오 선택쯤으로 여기는 여성들이 늘어나고 있다고 한
다. 복수의 남자가 오가는 경우도 있다고 한다. 연애와 결혼은 철저히 별
개로 취급되는 것이다.

요바이를 통해 알 것 다 안 다음에 부모가 정해 주던 남자에게 시집가서
새롭게 부부생활을 시작하던 옛 풍속의 잔재가 남아 있다고 보아야 하는지
알 수 없다. 전통이란 참으로 끈질긴 생명력을 지닌 것인가 보다.

단일민족의 신화

일본은 '단일민족의 신화' 속에 살고 있다. 대륙에서 떨어져 있었기 때문에 이와 같은 신화에 오랫동안 매달리고 있는지도 모른다.

일본어가 뜻이 분명하지 않고 눈도 입만큼 말한다는 생각을 갖게 된 것도 섬나라라는 격리된 공간에서 자기네들끼리 살아왔던 때문일 것이다. 고도의 동질 사회는 외부에 대해 폐쇄적 · 배타적 성격이 대단히 강하다. 바로 일본사회가 그렇다.

1983년 8월 6일, 당시 나카소네 야스히로(中曾根康弘, 1918~) 수상이 히로시마 원폭 위령제에 참석하여 "일본이 잘하고 있는 것은 일본에 이 민족이 없기 때문이다."라고 했다. 이 같은 발언은 단일민족에 대한 자긍과 과신을 여실히 보여 준 것이다. 원폭 피해로 치료 중인 한국인이 그 자리에 있었음에도 불구하고 망언에 가까운 발언을 했다. 수상이, 그것도 지한파를 자처하는 지도자의 발언치고는 신중함이 결여된 것이라고 하지 않을 수 없다. 당시의 장내 분위기는 묘하게 돌아갔지만 정작 발언의 장본인은 무신경했다.

뿐만 아니었다. 나카소네는 1987년 9월 22일 자민당 연수 강연회 연설에서 "미국은 흑인과 남미계 민족 등으로 인해 지적 수준이 아직 낮다."는 인종 차별적 실언을 하여 미국 흑인과 남미계 미국인들을 격분케 하였다. 나카소네 수상은 9월 25일 중의원에서 변명이랍시고 "미국은 다민족 국가인 관계로 교육이 용이하지 않다. 그러나 일본은 단일민족 사회이기 때문에 교육을 하기 쉽다."는 요지의 발언을 했다. 이 같은 발언은 불에 기름을 끼얹는 격이 되어 미국 조야가 들고 일어났다. 나카소네 수상이 9월 27일 부랴부랴 미정부, 의회, 국민들에게 진사 메시지를 송부함으로써 가까스로 수습되었다.

나카소네의 실언을 통해 우리는 일본 지도자들이 갖고 있는 단일민족 신화에 대한 환상과 턱없는 우월감 그리고 일본인의 특징적 요소를 엿볼 수 있다. 일본은 1945년 8월 전쟁에 졌다. 1억 총국민의 참회를 운운했지만 저변에 흐르고 있는 역사 인식이 얼마만큼 달라졌는가는 속단할 수 없다.

젊은 시절, 도쿄에서 일하던 때, 안면이 있는 아가씨가 읍소를 해왔다. 한국인 3세 청년과 서울에서 두서너 번 데이트를 한 후 서로 마음이 맞아 혼인신고를 하고 일본에 건너왔는데 신랑이 차일피일하더니 성장 배경이 너무 달라서 결혼할 수 없다고 한다는 것이었다. 어떻게 해서든지 그 남자와 함께 살 수 있도록 해달라는 황당한 부탁을 받았다.

난감했다. 그 아가씨는 은행원으로서 착실히 일하던 중 일본 총각을 소개받아 어려운 결정을 내리고 이곳까지 왔는데 살아 보기도 전에 소박을 맞고 쫓겨 가는 한심한 신세가 된 셈이었다.

　결혼과 이혼이야 본인의 자유로운 의사에 따르는 것이지만 고약한 친구라는 생각이 들었다. 다행히 그때 영사 업무를 맡고 있던 차라 재외 국민 보호 차원에서 상사에게 보고도 않고 신랑 부모와 당사자를 토요일 오후에 대사관으로 출두시켰다. 사실 그들이 출두 요청에 응하지 않으면 그뿐이었는데 관공서라면 기가 꺾이는 탓인지 약속 시간 30분 전에 그 일가가 전원 나왔다.

　한국인 2세인 그 부부는 완전히 내주장이었다. 신랑 아버지는 선한 기술자 그대로였으나 어머니 쪽은 혀에 기름을 두른 듯 청산유수였다. 명문 사립대학 상학부를 졸업한 말수가 적은 청년은 의지가 약해 보였지만 착한 인상이었다. 그 어머니는 신부가 성격이 드세서 싫고 아직 육체 관계도 없는 지금, 돌아가는 것이 서로를 위해 좋다고 주장했다. 서울에 갈 여비 정도는 주겠다고 선심을 쓰는 태도로 큰소리를 쳤다.

　더듬거리는 일본어로 설득을 해보았지만 그 어머니는 막무가내였다. 당사자와 담판을 해야겠다는 생각에서, 그 청년과 단둘이서 다른 방으로 옮겨 이야기했다. 어머니 분부대로 따르겠다는 마마보이였다. 야비한 질문이지만, 정말 그 여자에게 손을 안 대었느냐고 따지자 그는 횟수를 손 꼽아 가면서 우물쭈물했다.

　그 어머니와 다시 대좌하여 "당신 아들한테 확인했더니 이미 서로 헤어질 수 없는 관계라고 하나, 정히 헤어지고 싶으면 위자료 1억 엔을 지불해야 한다."고 엄포를 놓았다. 코끝에 내려온 안경을 얼른 올리고 하

단일민족 신화에 대한 환상과 우월감을 과시한 나카소네 수상(왼쪽)의 연이은 망언으로 일본은 주변국들의 비난을 샀고, 특히 미국 정부와 의회, 미국민들에게 진사 메시지를 보내 파문을 가까스로 수습했다.

얀 눈으로 아들을 쳐다보자 육체관계를 가진 적이 있다는 아들의 고백에 '이 웬수야!' 하는 표정으로 아들을 쥐어박았다.

"일본에서는 이혼을 간단히 하지만, 당신도 알다시피 한국은 동방예의지국이라 이혼한 여자는 그걸로 인생 종치는 것이니 1억 엔은 아무것도 아니다."라고 윽박지르자 그들은 어물어물하다가 물러가고 말았다. 그들의 결혼식에는 증인으로 참석하여 존재감을 과시하는 치기도 부렸다. 젊은 날의 객기였다고 하겠다.

그 시어머니가 결혼 얼마 후에 혼자서 나를 찾아온 적이 있었다. 똑똑한 며느리를 하마터면 놓칠 뻔했는데 도와줘서 잘 되었다는 말과 함께 선물 꾸러미를 내놓았다. 쌀 한 되와 계란 두 줄!

도쿄에서 과히 멀지 않은 곳에 살면서도 한국을 몰라도 너무 모르는 가없은 2세들이었다. 보릿고개의 굶주린 기억이 두고 온 산하의 이미지로 남아 있어 며느리 시집살이가 고추보다 맵겠구나 하는 걱정이 앞섰다.

　지금 그 아가씨는 두 딸의 엄마가 되어 씩씩하게 살고 있고 그 매섭던 시어머니도 이제는 이 빠진 호랑이가 되어 가끔은 내 이야기도 할 정도가 되었다 한다.

　일본에서는 외국 여성이 일본 남성과 결혼할 때는 당장 국적을 부여하지 않고 상당 기간 관찰을 한다. 이혼을 하고 유흥가로 빠져나갈 것을 우려하기 때문이다. 자녀를 출산한 다음 국적을 부여할 경우에는 성은 물론 이름조차 일본식으로 하도록 행정 지도를 한다. 외형적으로나마 단일 민족의 순수성을 지켜 나간다는 방침이다.

　경제 대국을 자랑하고 인권 운운하는 일본사회는 아직도 부락민 차별 문제를 해결하지 못하고 있다. 에도 시대에는 소·돼지 등 가축 도살과 피혁업에 종사한 계층을 에타(穢多)라고 부르며 비인간적인 대우를 했다. 이들은 일반 서민들과는 떨어져 따로 부락을 형성하고 살았기 때문에 부락민이라고도 한다. 부락민은 불촉천민(不觸賤民)으로서 사회의 맨 밑 계층이다. 에타라는 말은 '매우 불결한 사람'이란 뜻인데 지금은 사전에서 이 단어가 사라졌지만 그들에 대한 차별은 아직도 여전히 존재하고 있다.

　1871년 에타 해방령에 의해 부락민에 대한 제도적, 법률적 차별은 없어졌다고 할 수 있지만 일본인의 의식 속에는 여전히 이들에 대한 멸시와 차별이 남아 있다. 패전 전까지만 해도 이들의 호적에는 '구에타' 또는 새롭게 일본 평민이 되었다는 의미로 '신' 자가 붙어 있었다고 한다. 일본의 양식 있는 국제법 학자들이 부락민에 대한 차별 철폐 세미나 등을 개최하여 차별 불식을 주장하고 있지만 인간의 의식이란 그렇게 쉽사리 고쳐지지 않는 문제이다.

이들은 200년 이상 천민으로서 비인간적인 차별을 받아왔는데 21세기를 앞둔 지금까지도 취직과 결혼 시에 본인도 모르게 블랙리스트에 의해 체크를 받는다고 한다. 공식적인 통계가 없어 정확한 수는 모르지만 이런 사람들이 대략 300만 명 정도로 추산된다. 일본인의 의식 속에 부락민이 일본인의 천재성과 순수성을 손상시키는 사람들로 간주되고 있는 한 일본의 인권 대국에의 길은 아득하기만 한 것이 아닐지.

기대를 버릴 필요는 없다고 본다. 일본은 변화를 강요받고 있기 때문이다. 일본사회에서는 '모난 돌이 정을 맞듯이' 개성 있는 인물은 주위로부터 견제와 시달림을 받게 되고 심지어는 공동체로부터 배제되었다. 일본사회 전체가 어떤 획일성을 띠게 되는 면이 강한 것은 바로 개성을 조화로 변형시켜 버리는 환경 때문이다.

반면에 강한 외래적 개성이 일본사회에 수용되어 사회 자체를 바꾸는 동인(動因)이 되었던 것은 대단히 흥미로운 사실이다. 역사적으로 보면 일본의 변화는 외압에 의한 것이었다. 인권 존중 시대의 도래와 더불어, 태평양에서 서서히 발생한 태풍이 북상해 오듯이 새로운 외압이 일본의 꼭지에 자극을 줄 때가 올 것이다.

일본의 여장부

호조 마사코(北條政子, 1157~1225), 그녀는 일본 여성사에서 제일급의 여걸로 꼽히고 있다. 기가 세고 정열적이고 행동력이 있는 여장부의 기질은 일찍부터 발휘되었다. 마사코는 부친의 엄명을 무릅쓰고 일개 떠돌이에 불과했던 청년과 결혼을 하였다. 12세기 당시에는 부모가 정해 준 배필과 군말 없이 결혼하는 것이 일반적인 관행이었는데 마사코는 이를 거부하고 자기가 배우자를 선택하는 당돌함을 보여 주었다.

이 청년은 일본 역사에 최초로 가마쿠라에 무신정권 막부를 설치한 미나모토 요리토모(源賴朝, 1147~99)이다. 마사코는 남편이 말에서 낙상하여 53세로 세상을 떠날 때까지 평범한 가정주부로 머물렀지만 질투심 하나는 소문이 자자했다.

마사코는 남편의 첩이나 측실에 대해서는 무자비하게 대했으며, 특히 그들이 출산한 사내애들은 예외 없이 절간으로 보내 버렸다. 파격적인 사랑을 이루어 낸 여장부였기에 그 질투심 또한 불 같았던 모양이다. 이와 같은 행패로 마사코는 일본의 대표적 악처라는 별명을 하나 더 얻게 되었다. 당시는 남편이 바람을 피워도 못 본 척하는 게 일반적인 풍습이었으나 마사코는 이를 용납하지 않았다.

일본에서는 쇼군의 부인이 30세가 되면 도코스베리(床滑り)라 하여 침실에서 물러나야 했다. 상(床)이란 일본어로 '침대', '잠자리'란 뜻으로 도코스베리는 잠자리에서 미끄러져 내린다는 뜻이다. 마사코는 나이 들어서도 잠자리에서 미끄러져 내리기는커녕 남편이 한눈을 파는 바람끼에 대해서 심한 반발을 보였다. 부부가 따로 자면 남편은 자칫 제3의 침대를 다른 데 만들기 쉽다고 생각했던 것이다.

마사코가 13세 되던 해, 즉 1170년 한반도의 고려에서는 정중부가 무신정변을 일으키고 문신을 대학살하여 정권을 장악했다. 이후 100년간 무신이 집권했다. 마사코 남편이 설립한 가마쿠라 막부가 150년 동안 유지되었던 사실을 고려하면 당시 고려와 일본의 정치적 상황은 비슷했다고 할 수 있다.

시앗을 보면 돌부처도 돌아앉는다는 말 그대로 마사코는 남편의 첩을 시기하고 강짜를 부렸다. 일본과 유사한 근친혼이 성행하고 남녀 사랑이 개방적인 분위기였던 고려의 여인들은 순정적인 모습을 보여 주었다.

가시리 가시리잇고
바리고 가시리잇고
날러는 어찌 살라 하고
바리고 가시리잇고

잡사와 두어리 마나난
선하면 아니올세라
셜온님 보내옵나니
가시는 듯 도셔오소서.

이별의 아픔을 애처롭게 삭이고 있는 여인상과 일본의 여장부와는 여러 면에서 차이를 보여 준다.

사랑과는 인연이 먼 이야기이지만, 현대판 여장부의 모습도 있다. 천황에 대해 갖고 있는 일본인들의 감정을 국외자로서는 이해하기가 쉽지 않다. 천황의 타계로 인한 천황 교체를 목격하는 희귀한 경험을 했다. 1988년 9월 19일 히로히토 천황이 다량의 피를 토하고 쓰러지자 일본 열도는 일시에 숙연한 분위기로 빠져들었다.

연일 황거 앞 광장에 수많은 인파가 몰려 그의 쾌유를 빌었다. 마쓰리라는 이름이 붙은 일체의 행사는 무기 연기되고 유흥가는 가을의 해변처럼 썰렁해졌으며 〈여러분 안녕하십니까〉라는 쾌활한 목소리의 CM도 자제했다. 결혼식도 연기되었다. 모르긴 몰라도 부부관계를 자제한 사람도 있었을 터이다. 대장상의 선진국 재무장관회의 참석 취소, 외무장관의 유엔 총회 불참 등 일본인 모두는 자숙하는 자세를 보였다.

겨울비가 을씨년스럽게 내리던 1989년 1월 7일 천황이 타계하자 천황과 같은 87세의 동갑내기 노인이 "뒤를 따른다."는 유서를 남기고 자살했다. 천황이 일본사회에서 갖는 무게를 실감할 수 있었다.

1989년 1월 타계한 일본 히로히토 천황의 장례 행렬. 이날 87세의 동갑내기 노인이 "천황의 뒤를 따른다." 는 유서를 남기고 자살하기도 하여 일본사회에서의 천황의 권위를 실감하게 했다.

이 같은 천황의 보이지 않는 막강한 권위를 아랑곳하지 않은 여교수가 있었다. 다변수 함수 연구로 세계 수학계에 널리 알려졌던 오카 기요시 (岡潔, 1901~78)라는 수학자가 1960년 문화훈장을 받게 되었다. 수여식 에서 소개자가 "수학은 자연과학의 순수함으로써…" 운운하며 설명을 해나가던 도중에 오카 교수는 천황의 면전임에도 불구하고 큰 목소리로 "수학은 자연과학이 아니라 인간의 정신과학이다."라고 정정하여 주위 사람들을 당황케 하였다. 아무것도 아닌 행위로 보이지만 대단한 파격으 로 여장부다운 기질의 발로이다.

세 줄 반의 역전

일본사회의 급격한 변화의 조짐은 바로 집안의 여자들에게서부터 보여지고 있다.

일본 여성을 미화해서 부르는 '야마토 나데시코(大?なでしこ)'라는 단어를 아는 젊은이는 드물 것이다. 야마토는 일본의 다른 이름이며 나데시코는 패랭이꽃이니 '일본의 패랭이꽃'은 곧 일본 여성과 동의어로 사용되었다. 패랭이꽃은 산에 들에 절로 나는 다년생 화초로서 키는 30cm 가량 되며 여름에 홍백색 꽃을 피우는데 가늘고 약하게 보이면서도 의외로 강한 줄기를 가지고 있다.

수줍고 음전하여 순종적이나 인내심이 강하고 곤란에 직면해서는 용기와 강한 의지를 발휘하는 일본 여인의 전통적 미덕을 지금은 찾아보기 어려운 세태가 아닌가 한다. 패전 직전까지 일본의 여성 교육은 야마토 나데시코로 상징되었다. 일본에서는 부부 싸움을 할 때 문과 창문을 닫고 시작한다고 한다. 중국에서는 반대로 한다. 심하면 밖에 나와 동네 사람들이 모인 가운데서도 한다.

에도 시대는 남자들의 전성시대였다. 남자들은 유교의 가르침에 따라 아내를 내쫓을 수 있는 일곱 가지의 핑계가 있었다. 시부모에 대한 불순종, 아들을 생산하지 못하거나 음란한 행동을 하고 질투심이 많아도 안 되었다. 고치지 못할 질병이 있어도 쫓겨 가야 했고 말이 많거나 도벽이 있어도 마찬가지였다. 소위 칠거지악(七去之惡) 중 하나에만 해당되어도 쫓겨 가야 했다.

반대로 아내들은 남자의 동의 없이는 이혼을 생각할 수도 없었고 제도적으로 불가능했다. 이혼장 없이 다른 남자와 정을 통하면 삭발을 당하고 친정집으로 쫓겨 나야 했고 같이 놀아난 남자는 벌금을 물어야 했다. 그야말로 충신이 두 군주를 섬기지 않는다는 철칙 그대로 부인들은 지아비를 위해 철저히 희생해야 했던 시대였다.

남편의 폭행과 학대가 아무리 지독하더라도 팔자소관이려니 하고 죽을 때까지 참고 살아야 했던 가련한 신세였다. 우리 형편도 그만그만했다. 일본 부인네들 사이에는 팽나무 가루를 남편이 마시면 부부의 정이 자연스럽게 끊어져 인연이 다한다는 미신이 있어서 포악한 남편들은 자신도 모르는 사이에 팽나무 물깨나 마시게 되었다고 한다.

팽나무 물이 별로 약효가 없었던지 일본 사람들은 결혼 도피처를 만들어 냈다. 가마쿠라에는 13세기 건립된 동경사(東慶寺)라는 절이 결혼 생활의 억압에 시달리다가 도저히 견디지 못하고 도망쳐 온 부인네들을 받아들였다.

야반 도주를 해서 이 절 안으로 일단 발을 들여놓기만 하면 남편은 닭

쫓던 개 신세가 되어 하릴없이 아내의 치마 꽁무니만 멀리서 바라보아야 했다. 이 같은 절이 지방에 하나 더 있었지만 에도에서 가까운 동경사가 결혼 피신절로 단연 이름이 더 알려져 있다.

요즈음 일본 주부들 중에는 남편으로부터 구타당한 경험이 있는 사람이 41%나 된다는 통계가 있다. 이 남편의 구타를 피하기 위해서 동경사와 같은 피난처를 만들자는 주장도 있다고 하니, 온고지신의 지혜인가.

부처의 자비심을 이용한 일종의 치외법적 권리를 행사했다. 주지 스님은 남편을 불러 그간의 사정을 알아보고 도망 온 부인에게 재결합을 권해 보나 응하지 않을 경우에는 절에서 살게 했다.

삭발은 하지 않고 부엌일이나 빨래와 같은 허드렛일을 하면서 2~3년 도를 닦는 시늉을 하면 이혼장 없이도 재혼할 수 있는 특권이 주어졌다. 일본인의 논리로서는 비록 삭발은 안 했지만 절로 왔으니 형식적인 출가라고 간주했던 것이다. 처음에는 수행 기간을 3년으로 했으나 나중엔 2년으로 단축되었으며 이 같은 풍습은 1870년대까지 이어졌다고 한다.

동경사는 일본의 상대적 가치관을 보여 주는 사회 제도의 하나라고 할 수 있다. 봉건적인 무가 시대에 있어서 팔자 사나운 여성에게 자비심을 베푸는 유일한 사회 기관이었다. 예나 지금이나 제도를 악용한 무리가 있게 마련이다.

후세에 와서는 남편 몰래 서방질한 아낙네들이 도망쳐 오는 사련(邪戀)의 도피처가 되기도 하였다. 돈이 있거나 신분이 높은 부인들도 있었던 모양이다. 이들은 절에다 시주를 함으로써 몸으로 때우는 허드렛일은 면

절로 피신하는 여자의 모습. 일본에는 남녀 간의 인연을 끊어주는 절이 있었다. 남편에게 고통 받는 여자들의 피난처인 이 절에서 3년간 수행하면 이혼한 것으로 간주해 주는 풍습이 있었다.

제받고 그저 세월만 보내면 그만이었다.

여자들에겐 이혼하기가 결혼하는 것보다 어려운 시대였다. 남편들은 헤어질 부인에게 큰 생색을 내면서 이혼장을 갈겨 써주면 소박맞은 그 여인은 이혼장을 당첨된 복권이라도 되는 양 소중하게 가슴에 안고 물러

갔다. 남편들이 거들먹거리며 휘갈겨 주는 이혼장이란 게 고작 세 줄 반이었다. 그래서 지금도 일본말에서 '세 줄 반'은 이혼장의 대명사로 통한다.

일본 사람들의 기록하고 보관하는 습관은 따라올 나라가 없다. 1712년에 작성된 세 줄 반의 이혼장이 보관되어 있으며 이혼장 연구가도 있는 곳이 바로 이웃 나라 일본이다.

1842년 3월 작성된 이혼장을 예로 들어 보겠다.

해로하기로 맹세했지만
만나면 헤어지는 이 세상
이별의 아픔은 아는 바라
이제 와서 새삼 놀라서는 안 되지
이로써 이혼장으로 갈음한다.

이와 같은 이혼장 한 장 얻어 내기 위해 무던히도 속을 태웠을 여인네의 모습이 보이는 듯하다.

메이지 유신 이후에도 사정은 별로 달라지지 않았고 이혼 결정은 남편의 전권 사항으로서 일방적 이혼만 가능했다. 그러나 서구 문물의 수입과 더불어 특히, 벼락 출세한 자들이 조강지처를 버리기 시작하면서 이혼 조건은 대폭 완화되었다.

1883년에는 인구 천 명당 1.53쌍이라는 높은 이혼율을 보였다. 100년 후인 1983년의 1.51쌍을 윗도는 수치니 놀랄 만하다. 억압된 여심의 폭

간통하다 들켜 혼줄이 나고 있는 유부녀. 에도 시대는 남자들의 전성 시대로 부인들은 지 아비를 위해 철저히 희생해야 했고, 남자들의 동의 없이는 이혼할 수가 없었다.

발이었나 보다. 2002년 결혼 커플은 76만 쌍이며 이혼한 부부는 29만 쌍으로 세 쌍 가운데 한 쌍 이상이 이혼한 셈이다. 결혼 후 5년 이내의 이혼이 가장 많으며 전체 이혼의 34%나 된다. 최근에는 결혼 20년 이상의 이혼도 해마다 증가 추세에 있다.

한편 우리나라에서는 하루에 10쌍이 결혼하면 다른 한 쪽에서는 5쌍이 이혼하여 이혼율 세계 1위를 코앞에 두고 있는 실정이다. 구체적인 수치를 보면 2002년 한 해 동안의 결혼은 30만 6,573쌍, 이혼은 14만 5,324쌍이다. 한국과 일본 두 나라에서 최근 이혼이 증가하고 있는 이유는 여성의 교육 수준 상승, 경제적 자립, 이혼에 대한 사회적 인식의 변화가 영향을 끼치고 있는 것으로 보인다. 백년해로(百年偕老)라는 말이 우리 주변에서 점차 사라져 가고 있다.

영원히 흔들림이 없을 것 같던 가정에서의 가부장의 지위는, 어느 날 살펴보니 밑바닥에 와 있었다. 1950년대에 공처가라는 말이 나도는가 싶더니 정년 퇴직 후의 남편을 '산업 폐기물', '덩치 큰 쓰레기더미'로 부르다가 요즈음에는 '비맞아 떨어진 낙엽'이라고 하면서 귀찮은 표정을 짓는다.

비 내린 후에 떨어진 낙엽이 바닥에 찰싹 붙어 있는 것처럼 정년 퇴직 후의 남편이 부인 주변에서 하는 일 없이 빈둥거리는 것을 비꼬는 말이다. 남편들은 세상이 변했음을 실감할 것이고 여자들의 '예, 예'가 그 말 뜻과는 다르게 사용되고 있는, 소위 '여자의 언어학'에 대해 때늦게 이해를 할 법하다.

정년 퇴직한 부부들의 여행 상대자가 남편이 아니라 친구들을 택하는 점은 이해할 만하나 정년 퇴직한 남편에게 뜬금없이 이혼을 요구하고 재산의 반을 내놓으라고 으름장을 놓고 있다는 얘기도 전해진다. 주부들의 반란에 퇴물 남편들은 연출이 형편 없는 인생이란 연극을 용케도 지금까지 끌고 왔다는 자괴감도 느끼지만 어이하겠는가!

우리나라에서도 60대 이상의 황혼 이혼이 이미 신문 기사거리가 안 될 정도로 흔해졌는데 일본은 한 술 더 뜨는 것 같다. 정년 이혼이나 숙년 이혼이라는 신조어가 자리잡은 지 오래되었다. 결혼생활 30~35년 이상의 이혼을 지칭하는 황혼 이혼이 연 5만 쌍 정도라고 한다. 자식들을 모두 출가시킨 후 자신의 삶을 살겠다는 여성 측의 이혼 요구가 날로 늘어나고 있기 때문이다.

일과 음주로 밤늦게 귀가하는 남편 뒷바라지와 자녀 교육을 위해 일생을 보내고 말았다는 허탈감에 제2의 인생은 자기가 주인이 되어 살아가겠다는 철든 반항이다. 바야흐로 '세 줄 반'의 이혼장을 애걸하던 여성들이 반격을 가하는 시대가 오고 있는가 보다.

러시아에 있을 때 한국에서는 남편이 왕과 같은 존재라고 했더니, 나타샤 아주머니는 '남자는 머리, 여자는 목'이라는 러시아 격언을 소개하고 머리는 목이 움직이는 방향에 따르지 않으면 안 된다는 설명을 하면서 주름진 굵은 목을 흔들어 크게 웃은 적이 있다. 일리가 있는 말이다.

제 목소리 내는 여성들

일본 어린이들이 전통적으로 가장 두려워했던 네 가지는 지진, 벼락, 화재 그리고 아버지였다. 가부장 시대의 아버지의 권위가 얼마만큼 대단했는가를 단적으로 보여 주는 예이다. 자기가 살고 있는 영지에는 주군이, 가정에서는 아내가 받드는 남편이 최상의 권위를 향유했다. 오늘날은 좀 달라졌지만, 일본 여성은 옛날에는 결혼을 하면 누구나 할 것 없이 서양처럼 남편의 성을 따라야 했다.

우리의 할머니들이 그러했듯이, 일본 여자들도 시집을 가면 가장 먼저 일어나서 아침 식사를 준비하고 저녁에는 가장 늦게 먹고 설거지를 하고 맨 나중에 잠자리에 드는 고달픈 신세였다. 벙어리 3년, 귀머거리 3년, 장님 3년의 고추처럼 매운 시집살이를 겪어야 했다.

메이지 유신을 계기로 여자들의 교육 문제에 대해 관심을 갖는 선각자들이 나타났다. 1871년 50여 명의 일본 유학생들이 단체로 해외에 파견되었을 때, 그중에는 겨우 여덟 살밖에 안 되는 쓰다 우메코(津田梅子)를 비롯한 5명의 여자 유학생도 포함되었을 정도였다. 그러나 전체적으로는 여성들의 사회적 지위는 크게 나아지지 않았다.

제국대학에서는 여자 학생들을 받아들이지 않았다. 1913년 동북 제국 대학이 처음으로 여성에 대해 문호를 개방했다. 그때 5명의 여성이 응시 하여 3명이 합격하여 장안의 화제가 되었다고 한다.

1920년대에 여성 투표권을 위한 연맹이 결성되어 여성의 참정권 획득 운동을 활발하게 전개하였으나 1940년 강제로 해산되고 말았다. 일본 여성에게 참정권을 부여한 인물은 일본인이 아니고 일본 여인의 아들들 이 목숨을 걸고 싸운 맥아더 점령군 사령관이었으니, 역사의 아이러니가 아닐 수 없다.

1945년 10월 맥아더가 시데하라 내각에게 명령한 민주화를 위한 5대 개혁안 가운데 제1항에 '부인 참정권 부여에 의한 여성해방'이 포함되 어 있었다. 이 지시에 따라 중의원 선거법이 개정되어 부인의 참정권을 인정하고 남녀 공히 선거권을 20세로, 피선거권은 25세로 확정하게 되 었다.

이 선거법에 의한 1946년 4월, 제1회 총선거에서 부인 입후보자 89명 중, 놀랍게도 38명이 당선되어 처음으로 부인 의원이 탄생되었다. 다음 에 실시된 지방 선거에서도 부인 당선자를 배출하였다. 이는 법 앞의 남 녀 평등에 의한 여성 지위의 향상을 말해 준 것이었다.

투표를 통해 일본 여성들은 권리 신장을 시도했지만 아직도 일본인의 사고를 지배하는 남성 우월주의적인 질서 속에서는 참으로 힘든 일이었 다. 예컨대 1955년 12월 도쿄도 교육위원회는 키가 작으면 흑판에 판서를 할 수 없다는 이유를 들어 여교사는 150cm 이하일 경우는 채용할 수 없다고까지 했다. 이뿐만이 아니었다. 80년대 초반까지만 해도 양조장, 복싱 링, 야구장의 선수 대기소 등은 여성 금지구역이었으며 1983년 혼슈와 홋카이도를 연결하는 터널공사 시찰에도 여성의원이 제외될 만큼 여성에 대해 차별적 색채가 강했다.

여성들의 국회의원 당선자는 선거 때마다 줄어들어 1975년의 경우는 총 726명 국회 의원 중 여성 의원은 25명에 불과했으나 2003년 중의원에 34명이 당선되어 참의원 포함하여 66명으로 대폭 늘어났다.

일본 여성들의 사회 진출에 획기적인 계기가 된 것은 1986년 4월 1일 발효된 '남녀 고용기회 균등법'의 시행이다. 이 법률에 의해 남녀 균등이 실현되었다고 해서 1986년을 '남녀 균등 원년'이라고 부르고 있다. 모집, 채용, 승진, 교육 훈련 등에서 합리성이 결여된 불평등 대우를 해서는 안 된다는 것이었다. 그러나 실제로 여성들의 취업은 '빙하기 취직'으로 불릴 만큼 어렵다.

여성들의 교육 수준 향상과 사회 진출이 두드러지자 여성들의 목소리도 다양해지고 커졌다. 소비자 보호 운동과 환경 보호 운동 차원에서 독자적인 목소리를 내게 되었다. 여성들의 전문직 직종 진출도 없는 것은 아니다. 4년제 대학 여자 졸업생이 남성과 동등하게 고위직까지 오를 수 있는 관리직에 취업할 수 있게 되었다. 일본의 전통적 사고방식이 변화했다기보다는 외국인 노동력까지 들여와야 하는 노동력 부족에서 기인한 현상이라는 지적도 있다.

일본의 전통 씨름인 스모 선수는 섹스의 심볼로 여겨져 여성들에게 인기가 높았지만, 메이지 유신 이전에는 스모장에 여성 출입이 금지된 때도 있었다.

여성의 고학력이 두드러지고 있다. 대학 진학률이 1960년대에는 남자 14.0%, 여자 5.5%였으나 2003년에는 남자 49.6%, 여자 48.3%로 거의 같은 비율이 되었다. 과거에는 여성은 2년제 전문대학 진학률이 월등히 높았으나 최근에는 여학생이 거의 반을 차지하는 4년제 대학도 많아졌다.

1986년을 계기로 일본 여성들의 목소리는 보다 분명해졌고 "암탉이 울면 집안이 망한다."는 남성 중심의 속담이 사라질 정도가 되었다. 1989년 우노 총리가 술집 여자와의 스캔들로 모든 책임을 지고 물러나게 되었다. 옛날 같으면 전혀 문제가 되지 않을 일이었다.

1990년 신년 벽두부터 일본에서는 남녀 평등 논쟁이 일었다. 여성으로서 처음으로 일본 내각의 핵심 포스트인 관방장관직을 차지한 모리야마 마유미(森山眞弓) 장관이 일본의 전통적인 씨름인 스모에서 우승한 자에게 주는 총리배를 직접 수여하겠다고 도전한 데서 비롯되었다.

모리야마 장관은 1985년 외무 정무차관 재임 시 국회의원 골프 시합이 여성금지 골프장에서 개최되었을 때도 참석하겠다고 나선 적이 있으나 결국 두터운 남성의 벽을 깨뜨리지 못했었다. 모리야마 장관은 단순히 내각의 마스코트가 아니라 도쿄 대학 법학부 출신의 고급 공무원으로서 실무 경험도 갖춘 일꾼이며 문부상도 역임했다. 고이즈미 내각에서는 법무상으로 발탁되었다.

2000년 봄 여성 지사 제1호가 된 오타 후사에(太田房江) 오사카 지사가 오사카에서 열린 스모 대회 폐막식 때 시상을 위해 도효(土俵)에 올라가려고 했으나 역시 거부되었다.

스모는 고대 신토(神道)의 영향을 받은 일본의 국기로서 역사(力士)들은 도효라고 부르는 씨름판에서 승부를 가린다. 이 도효는 직경 4.55m의 원형의 씨름판으로서 지금까지 철저하게 여성 금지구역이었다. 배가 불룩 튀어나온 황소 같은 선수들은 섹스의 심볼로서 인기가 있지만 메이지 유신 이전에는 여성들은 스모장 입장조차 거부되었다. 모리야마 장관의 도전에 일본 스모계는 발칵 뒤집혔고 내심으로는 '꼴값한다'는 불쾌감을 감추고 있었다. 시기상조였던가, 모리야마는 남자들의 거센 벽에 부딪쳐 스스로 포기하고 말았다.

1993년 11월 선거에서는 혁명적인 사건이 일어났다. 여성 의원수가 52

명으로 늘어난 대단한 약진 현상을 보인 것이다. 이것을 두고 사람들은 마돈나 현상이라고 했다. 더욱 사람들을 깜짝 놀라게 한 것은 일본 헌정사상 최초로 사회당에서 여성 중의원 의장을 배출한 것이다.

그녀는 다름 아닌 '일본의 대처', '일본의 아키노', '철의 여인'으로 불리는 75세의 독신 도이 다카코(土井たか子) 의원이다. 무슨 일이든 푹 빠지는 성미라 결혼했더라면 남편과 자식에게서 헤어나지 못할 것 같아 결혼을 안 하고 교수를 거쳐 정치가의 길을 걷게 되었다는 변이다. 〈가슴 아프게〉와 〈마이웨이〉를 즐겨 부르고 빠찡코를 좋아한다는 도이 박사는 사민당 당수를 역임했으나 2003년 총선 패배의 책임을 지고 당수직을 사임했다.

앞으로 일본 정치계에서 주목해야 할 여성 정치인은 다나카 가쿠에이(田中角榮) 전 수상의 딸인 다나카 마키코(田中眞紀子) 의원이다. 부친을 닮아 허스키한 목소리에 두뇌 회전이 빠르고 사람 다루는 솜씨가 보통이 아니라는 평이다.

과기처장관과 외상을 역임하였는데, 특히 외상 재임시절에 외무성 개혁 문제로 외무 관료들과 마찰을 빚어 사임하였다. 비서 봉급 유용 혐의로 의원직을 사직했으나 2003년 10월 총선거에서 다시 당선되었다.

다나카 의원은 미국 필라델피아 고등학교와 와세다 대학 상학부를 졸업하고 한때는 극단 〈구름〉에 연구생으로 몸담기도 했다. 남편 역시 중의원 의원으로 부부 국회의원으로 널리 알려져 있다. 다나카 장관은 1985년부터 병상에서 누워 지내야만 했던 부친을 간호하면서 수년 간 정치를 폭넓게 전수받았다고 한다.

학계에서도 두각을 나타내고 있는 여성이 있다. 일본 게이오 대학에서 이론 물리학을 가르치고 있는 요네자와 후미코(米澤富美子) 박사이다. 신장 148cm, 체중 44kg에 57세의 이 작은 체구의 학자는 일본 물리학회의 차기 회장에 내정되어 있다. 여자가 물리학회 회장을 맡은 일은 학회 설립 이래 처음이라고 한다. 현재 일본 문부성으로부터 약 50억 원의 연구비를 받는 연구 그룹의 대표로서 활약하면서 인간의 생명을 물리학적 측면에서 분석하고 체계적인 이론 정립에 몰두하고 있는 대학자이며 세 딸의 어머니이기도 하다.

이와 같은 여성들의 눈부신 권리 신장에 아랑곳하지 않고 일본이 세계 굴지의 성 천국이 되어 가는 현실은 어떻게 받아들여야 하는가. 일본은 묘한 나라이다. 헌법상으로는 군대가 없고 오직 자위대가 있을 뿐인데 방위비 지출이 세계 5위 안에 든다. 육군은 없고 육상 자위대는 있다. 마찬가지로 일본에서는 요시와라 같은 공인된 사창가는 사라진 지 오래되었다. 그런데도 성의 상품화는 날로 극성을 더해 가고 환락가는 일본 열도 도처에 있다.

하기야 침략을 진출이라 표현하고 식민지 통치를 교량 건설해 주고 학교도 세워 주었다는 식으로 호도하는 나라이니 이상할 것도 없는 일이다. 일본 여성들이 사회의 주역으로 등장하는 그때쯤이 되어야 사랑 없는 성(性)의 유희가 줄어들지 두고 볼 일이다.

현대 일본의 결혼 풍조

여성의 교육 수준이 높아지고 전문직 여성이 증가할수록 남성들은 점점 결혼하기가 어려워질 것이다. 일본에서 5년마다 18세 이상, 35세 미만의 독신 남녀를 대상으로 조사한 결혼 조건이 이 같은 사실을 뒷받침해 주고 있다.

남성의 경우는 반수 이상이 성격과 용모를 들고 있는데 비해 여성은 성격, 경제력, 협조성을 중시하고 있다. 따라서 여성의 결혼 조건을 요즈음에는 3C라고 표현한다. 즉, 경제적으로 편할 수 있어야 하고(Comfortable), 말이 잘 통해야 하며(Communication), 가사나 육아에 적극적으로 협조해야 한다는(Cooperative) 것이다.

이런 조건을 갖춘 남자가 어디 흔한가. 때는 바야흐로 여자가 남자를 선택하는 시대가 도래하고 있다. 우리나라에서도 전문직에 종사하는 여성들이 결혼 상대자를 찾기가 쉽지 않다는 것도 같은 맥락이다.

요즈음 일본 여자들의 의식은 결혼 적령기에 대한 관념도 희박할 뿐 아니라 반드시 결혼할 필요가 있느냐는 식으로 달라져 있다. 미혼 기간이 길어지고 미혼녀가 많아지게 마련이다. 2000년 평균 초혼 나이를 보면 남자가 만 30.8세, 여자가 만 28.6세로 상당히 늦어지는 추세임을 알 수 있다. 일본 남자들은 한국과는 달리 병역 의무가 없어 사회 진출이 3~4년씩 빠르다는 점을 염두에 두면 만혼 현상이 보다 두드러지게 나타나는 것이다.

결혼 건수를 보면 1972년에 약 110만 건이었던 것이 2002년에는 약 76만 건으로 감소했다. 결혼을 하더라도 DINKS(Double Income With No Kids)를 원하는 젊은이들이 많아지고 있다고 한다. 애는 낳지 않고 둘이 벌어서 잘 먹고 즐기며 살겠다는 자기 중심적 사고의 발로이다.

최근 〈남녀 공동 참획사회에 관한 공동조사〉에 의하면 결혼하여도 반드시 아이를 가질 필요가 없다는 응답이 43%가 되었다. 2002년에는 출생률이 1.32까지 떨어졌고 산부인과 의사가 남아도는 사태가 빚어지고 있다.

자기의 남편을 주인으로 내세우고 그 뒤를 받쳐 주는 '내조의 공'은 이제 옛말이 되어 가고 있다. 국민학교 교과서에 '조깅하는 어머니, 집안일 하는 아버지'의 모습이 실리기도 했다. '부엌이 여자의 성(城)'이라는 것은 옛말이 되었다. 권리나 평등을 내세우지 않고 남편을 위해서라면, 하던 시절은 지나간 것 같다. 애정이나 자녀를 다른 것과 바꿀 수 없었던 가치관이 달라져 가고 있으며 공동 생활의 부자유, 자녀 양육에 따른 번거로움을 피하고 싶어한다.

10년 전, 한 샐러리맨이 처자식에 대한 뜨거운 사랑의 유서를 남겨 일본 열도를 숙연케 한 사실을 이들은 이제 모두 다 잊어버렸는가. 일본인의 무서운 기록 정신을 보여 준 하나의 좋은 예이기도 했다.

일본의 전통적인 결혼식. 최근의 한 조사에 의하면 결혼 후 5년 이내의 이혼이 전체 이혼 건수의 34%에 달하고 이혼 사유로는 성적인 갈등이 대부분이라고 한다.

1985년 8월 일본 항공기가 추락하여 여성 4명을 제외하고 승객과 승무원 520명이 사망한 대사고가 발생하였다. 추락 중인 항공기 안에서 승객 몇 사람이 가족 앞으로 유서를 남겨 놓았다. 그중에서도 52세의 가와쿠치라는 사람이 남긴 유서는 많은 사람의 심금을 울렸다. 원문 그대로를 옮겨 본다.

"마리코, 릿케이, 치요코, 사이좋게 지내거라. 그리고 열심히 하고, 엄마를 도와줘. 파파는 정말 유감이다. 결코 구조되지 못할 것이다. 원인은 알 수 없다.

지금 5분 지났다. 더 이상 비행기를 타고 싶지 않다. 제발 신이여, 도와주세요.

어제 모두 함께 식사한 것이 최후가 되었군. 뭔가, 기내에서 폭발한 것 같이 연기가 나고 내려간다. 어디에서 어떻게 될까. 릿케이 똑똑히 해야 돼. 부탁한다. 여보, 이렇게 돼서 안됐소. 잘 있어요. 아이들을 잘 부탁하오. 지금은 여섯 시 반이오. 비행기는 돌면서 급강하 중이오. 정말 지금까지 행복한 인생이었소. 감사하오."

삶에의 희망과 죽음에 대한 공포 속에서 부인과 아이들에 대한 사랑을 수첩 7페이지에 걸쳐 급히 휘갈겨 쓴 유서이다. 알아볼 수 없을 정도로 타버린 시체더미 속에서 발견된 이 기록은 어떤 시대가 되더라도 영원히 살아 있을 처자에 대한 사랑을 웅변적으로 보여 주고 있다.

가정의 안온함을 지키고 참나무같이 세상의 풍상을 막아 주는 남편에 대한 신화는 풍화되어 가고 젊은이들은 자기 본위적 가치관을 추구하는 경향이 강해졌다.

경제적, 편의적 풍조가 만연한 가운데 결혼을 하게 되니 결혼 생활에 대한 만족도 클 수가 없고 수 틀리면 간단히 헤어지고 만다. 결혼 후 5년 이내의 이혼이 전체 이혼 건수의 34%로 가장 많다. 오죽하면 '나리타 이혼'이란 말도 생겼을까. 신혼 여행에서 돌아온 신혼부부가 나리타(成田) 공항에서 굿바이하고 각자의 집으로 돌아가고 만다는 것이다.

이혼 사유도 성격 차이라고 하지만 그것은 핑계에 불과하고 사실은 '성격'에서 '격'을 떼어 버린 '성(性)' 때문이라는 이야기도 공공연히 거론되고 있다. 우리나라에서도 성적인 갈등 문제가 이혼의 중요한 요소가

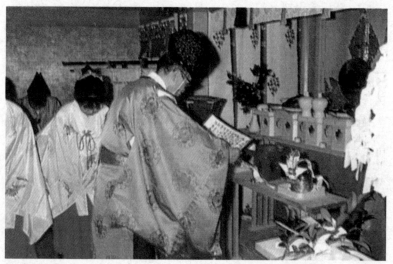

전통적인 결혼 의식을 통해 신단 앞에서 조상신에게 자손의 혼인 사실을 고하는 신관(神官).

된다는 사실은 공공연한 비밀에 속했으나 최근에는 신문에 공개될 정도에 이르렀다. 성적 갈등은 미상불 서양에도 있었던 모양이다.

영국의 조지 5세와 메리 왕후가 가축 품평회 시상식에 나들이를 했을 때였다. 금상을 탄 황소 앞을 지나던 국왕 부처가 발걸음을 멈추었다.

왕　후 : 이 황소는 어떤 점이 우수한가요?

안내자 : 하루에 교미를 10번하고도 끄떡없지요.

왕　후 : (고개를 주억거리며) 그 점을 폐하께 잘 설명해 주세요.

국　왕 : (안내자의 설명을 경청한 후) 교미 상대는 매번 같은가?

안내자 : 천만의 말씀입니다. 매번 다릅지요.

국　왕 : (크게 만족한 표정을 지으면서) 그 사실을 왕후께 잘 설명해 주
　　　　도록 하게.

물론 동서고금을 막론하고 성의 문제가 있었음을 보여 주는 한 토막의 우스갯소리이다.

이혼 위자료도 해마다 증가 추세에 있다. 1982년에는 평균액이 2,000만원 정도였는데 10년 후인 1992년에는 3,300만원으로 늘어났다. 미개 사회와 문명 사회의 차이는, 미개한 사회에서는 신부를 돈을 주고 데려오지만 문명 사회에서는 돈을 줘야 헤어질 수 있는 것이라고 하니 일본사회의 문명도는 해를 거듭할수록 일취월장하고 있는 셈이다.

이혼에 대한 사회적 인식도 많이 달라지고 있다. 이혼녀에 대한 '흠 있

는 여자'라는 인식도 엷어지고 있다. 이혼 제도도 역시 사회적 가치관 못지않게 변모하고 있다. 파탄주의에 대한 인정이 결혼에 대한 의식을 크게 변화시킬 조짐이다.

1994년 7월의 일본 민법 개정 요강안은 파탄주의 도입을 예상하고 있다. 파탄주의라 함은 별거 생활이 5년 이상 계속되고 있는 경우, 부정을 저지른 배우자라도 이혼청구를 원칙적으로 할 수 있게 한 제도이다. 우리말에 "방귀 뀌고 성낸다."는 말이 있는데, 자기가 잘못을 저질러 놓고 뻔뻔스럽게 이혼과 함께 재산 분할을 청구할 수 있게 하는 것이다. 유럽에서는 60년대 이후에 도입되었다. 실질적으로 혼인 관계가 파탄된 상태라면 이혼을 인정해야 한다는 발상이다.

서구에서는 높은 이혼율에 의한 가족 붕괴, 성의 저연령화에 의한 사생아의 급증, 마약과 에이즈의 피해에 의해 지역사회의 황폐화가 심각한 상태이다. 정신적인 고갈도 위험 수위에 가깝다. 정신적인 황폐에 따라 신흥 종교를 '행복의 과학'이라고 이름 붙이고 거기에 매달리는 무리도 많아지고 있다. 사회의 가장 기본 단위인 가정의 붕괴, 부부 일체감의 희박화, 자기 편의주의적 사고방식의 확산은 이웃 나라의 이야기만은 아닐 것이다.

일본인이 이해하기 힘든 민족이라는 것은 누차 강조한 바 있지만 부부 생활도 마찬가지이다. 95년 봄 일본 여가개발센터가 각국의 연구기관과 협력하여 세계 37개 국을 대상으로 실시한 '가치관 조사' 결과, 일본인 부부의 가치관 일치도는 도덕, 정치, 사회, 종교, 성(性) 등 5개 조사 항목에서 모두 세계 최하위로 나타났다. 성 항목의 일치도는 25%에 불과했다. 미국의 경우는 일치도 평균이 일본의 40%를 2배 가까이 상회하는 80%를 육박했다.

그러나 행복감 조사에서는 78%가 행복하다고 대답해 19위를 차지했다. 일본인 부부에게는 가치관 일치와 행복은 무관하다는 결론이다. 가치관은 달라도 행복하게 사는 부부가 일본인이라는 것이다.

이 통계가 보여 주는 바는 일본에서는 부부가 정치, 사회 등의 골치 아픈 주제를 화제의 대상으로 삼지 않으며 진정한 대화가 결여되어 있다는 것을 의미한 것으로 생각된다.

현대 일본 여성들은 이제 여자로서만 머물기를 거부한다. 인간임을 행동으로 보여 주고 자기 주장을 과감히 하려 한다. 전에는 경제 문제 때문에 맞벌이가 필요했으나, 이제는 그 점보다는 사회에 적극 참여한다는 측면에서 맞벌이가 중요해지고 있다. 문제는 남자들의 의식이 이를 따르지 못하고 있는 점이다.

이러한 현상은 비단 일본에 한정된 것은 아니지만 헌신과 희생의 상징으로 여겨져 왔던 일본 여성에 대한 고정관념 때문에 그 인상이 더욱 강렬하다. 앨빈 토플러의 지적대로 원시 사냥 시대에서 여성을 보조 인력으로 간주하던 시대는 가고 두뇌 노동과 예민한 정신력 등에 기초한 미래의 경제에서는 여성이 남성 못지않은 역할을 수행할 것이라는 점을 인식해야 한다. 아울러 여자들은 이미 사랑의 기억이라는 양식만으로 살아가는 존재들이 아니라는 사실을 인정해야 한다.

여성 상위 시대

한국인은 중국이라는 대국의 압도적인 영향을 수천 년간 받으면서도 한국인의 정체성(正體性)을 지켜온 자랑스러운 민족이다. 중국 주변의 숱한 민족과 국가들이 중국에 완전 동화되어 버렸거나 역사에서 사라진 사실을 우리는 보고 있다.

그래서 그런지 우리는 뿌리에 대한 관심이 크고 성씨에 대한 집착이 유달리 강한 편이다. 성을 갈겠다는 말은 가장 큰 맹세의 표시이다. 한국인에게 자기 성을 다른 성으로 고친다는 것은 죽음과 다름없는 치욕이자 자기 부정이다.

그러나 일본은 성씨에 대한 관념이 우리와는 전혀 다르다. 역대 일본 천황은 성씨가 없다. 호적도 없고 선거권도 없다. 현 아키히토 천황의 비, 쇼다 미치코(正田美智子)는 결혼과 동시에 '쇼다'라는 성씨가 없어졌다. 성씨를 갖고 있는 부인과 성도 없는 천황이 살고 있는 셈이다.

우리가 잘 아는 도요토미 히데요시(豊臣秀吉)는 본래 성이 기노시타(木下)였으나, 노부나가로부터 도요토미라는 성을 하사받았다. 일본인들은 성장과 출세에 따라 그야말로 기분 내키는 대로 성씨를 바꿨다. 조선인의 관념으로 보면 '후레자식'이라는 소리를 들을 만하다.

일본에서는 본래 무사들을 제외하고는 일반 서민들은 성씨가 없었다. 무라(村)라고 하는 좁고 폐쇄된 공간에서 생활했기 때문에 성이 구태여 필요하지 않았다. 메이지 유신 이후 부국강병이라는 슬로건을 내걸고 국민 개병제를 실시하고 세금을 거둬들이기 위해서는 성씨 부여가 불가피하여 1871년 호적법 공포에 따라 급조된 성을 부여하게 되었다. 편의주의에 따라 벼락치기로 부여받은 것이니 애착이 있을 리 없다. 언제든지 성씨를 바꾸어도 전혀 마음의 갈등이나 저항이 있을 수 없다.

우리나라나 일본에 모두 양자 제도와 데릴사위 풍습이 있다. 우리의 경우는 해피엔딩보다는 어려움이 많은 데 비해 일본인의 경우, 일단 양자를 가면 흔쾌히 성을 바꾸고 그 집안의 전통이나 가문의 풍습을 열심히 익혀 완전히 동화되려고 한다. 일본인들은 양자 제도의 좋은 점을 활용하는 편이다. 가업이나 비장의 기술을 이어야 할 자식의 자질이 신통치 않으면 문하생이나 사원 중에서 똑똑한 친구를 데릴사위로 삼거나 양자로 받아들여 그 업을 계승하도록 한다. "자식은 마음대로 만들 수 없지만 양자는 마음에 드는 자를 고를 수 있다."는 설명이다.

전후 7년 2개월간 총리를 역임한 요시다 시게루(吉田茂)는 출생 11일 만에 생부의 친구 집안으로 입양되었다. 요시다가 태어나기 전부터 사내아이일 경우 넘겨주기로 약조가 되어 있었다. 요시다가 입양되어 갔기 때문에 그는 돈을 물처럼 쓰면서 큰 인물로 성장할 수 있었는지 모른다.

일본 자위대 사관학교에 첫 여성 졸업자가 배출되는 등 최근 각계에 여성들의 도전과 활약이 돋보인다.

기시(岸) 총리와 사토(佐藤) 총리도 친형제 간이지만 한 사람이 입양되어 가서 결국 한 집안에서 두 명의 총리가 배출되었다. 입양아나 데릴사위가 되어 사회적으로나 국가적으로 크게 된 인물이 일본에는 일일이 열거할 수 없을 정도로 수두룩하다.

이에 비해 우리나라는 성공적인 예가 많지 않다. 피와 성씨에 대한 생래적인 집착이 강한 때문인지, 입양을 받아 간 편이나 입양 당사자도 편치 않다. 입양아도 이와 같은 분위기 속에서 이쪽저쪽 눈치를 살펴야 하기 때문에 구김살없이 성장하기가 쉽지 않은 듯하다.

홀어머니 밑에서 외아들로 자라난 사카바라는 친구가 있는데 다나카 집안의 데릴사위로 가버렸다. 우리 식으로 하면 사카바 가문의 혈통은 완전히 끊어지고 다나카 집안의 대물림을 하게 된 것이다. 그 친구는 결혼과 더불어 하루아침에 사카바라는 성씨를 버리고 다나카로 개성하였다. 홀어머니 혼자서 미장원을 하면서 생계를 꾸려 가고 있어 나의 궁금증은 컸지만, 그는 아무렇지도 않은 표정이다. 장모와 장인을 부모님으로 받들고 살아가는 그 모습에서 한국인과 일본인의 큰 차이를 느끼지 않을 수 없었다.

일본이 한국인의 창씨를 개명하는 조치가 얼마나 황당하고 무모했던가를 알 리가 없었을 것이다. 단순히 자기네들처럼 어떤 계기만 있으면 아무런 갈등 없이 쉽게 변성하는 정도로 간단하게 생각했던 것이 아니었는지 모르겠다.

여성들의 도전은 만만치 않은 기세이다. 1975년 5월 여성 등반대가 에베레스트 등정에 성공했으며 1980년에는 여성 최초의 대사가 탄생했다.

최근 여성의 고위직 진출이 늘어나고 있다. 1993년 도이 다카고 여성 의원이 일본 헌정 사상 처음으로 중의원 의장이 되었고, 현재 여성 당수한 명과 여성 지사 세 명이 활약하고 있다. 고이즈미 제1차 내각에서는 사상 최다로 여성 장관 다섯 명이 한꺼번에 입각하는 등 여성의 진출이 그야말로 눈부시다. 전체 각료 열일곱 명 가운데 구색 맞추기로 여성 한두 명을 끼워 넣는 차원이 아니다.

여성이 맡고 있는 외무, 국토 · 교통, 법무, 문부, 과학 장관은 모두 중요한 자리다. 일본에는 고대에도 여덟 명의 여제(女帝)가 있었으니, 결국

광고 속의 여인들. 포스터 속에 사진을 찍는 사람과 찍히는 사람이 모두 여성인데, 이 포스터를 촬영한 사람이 남성이었다는 점이 유감스럽다. [촬영 : 사카라 에이치로(坂田英一郎)]

여성이 못해 본 자리라면 총리뿐이다. 정치가의 말을 믿는 사람보다 점쟁이 말을 신뢰하는 비율이 더 높은 일본의 정치 풍토이고 보면 여성 총리 대망론이 머지않아 나올지도 모르겠다.

시대가 달라지고 여성의 목소리가 커지자 여성들이 결혼 후에도 남편의 성을 따르지 않는 부부 별성 제도를 당당하게 요구하기에 이르렀다. 특히 대학교수, 변호사, 의사 등 전문직종에 종사하는 여성들이 그런 경향이 강하다.

1994년 7월의 '혼인제도 등에 관한 민법 개정 요강 사안'을 보면 선택적 부부 별성 제도를 인정하도록 하는 한편 여성의 재혼 금지 기간을 6개월에서 100일로 단축하고 적출자와 비적출자의 법적 상속분을 평등하게 규정하고 있다. 뿐만 아니라 5년 동안 별거하면 이혼을 인정하는 결혼 파탄주의도 명확히 했다.

요즈음 초·중·고등학교에서 출석부의 순서까지 문제 삼고 나섰다. 보통 남자 이름을 먼저 부르고 다음에 여자 이름을 부르는데, 이것도 남녀 차별이라고 들고일어난다. 학교 당국에서는 너무 심한 게 아니냐고 불만을 표하지만 공공연하게 반대를 하기도 어려운 입장이다.

이뿐만이 아니다. 여성 단체에서는 큰 목소리로 남녀 평등 옴부즈맨 (ombudsman) 제도 도입을 주장하고 나섰다. 옴부즈맨은 스웨덴에서 시작된 것으로 시민의 권리를 지키는 민원 조사관이란 뜻이다. 남녀 평등 옴부즈맨은 남녀 평등이 명실공히 실행되고 있는가를 감시하는 조직체를 말한다. 도쿄의 나카노 구와 요코하마 부근의 가와사키 시에서 가칭 남녀 평등 위원회를 설치하여 옴부즈맨 제도 도입을 발전적으로 검토하기에 이르렀다.

어떤 전문 분야에서 능숙한 여자임을 나타내는 여류(女流)라는 말도 남성 중심 사회를 반영한 것으로 생각된다. 여류작가, 여류문인, 여류시인, 여류화가 등등으로 사용되고 있는데 '남류 문인이라고 하지 않는 까닭은 무엇인가?'라고 조만간 남녀 평등 옴부즈맨이 문제를 제기하리라 생각된다.

일본의 고전적 연가집이라고 할 수 있는 《만엽집(萬葉集)》에 일본 여성의 격정적인 모습을 보여 준 노래가 있다.

님 가시는 머나먼 길 말아서
하늘의 불길이 태워 버린다면

이 노래에 나타난 여심은 우리가 알고 있는 일본 여인상과는 다소 거리가 있다. 요즈음 일본 여성의 변화는 본래의 모습을 찾아가는 것이 아닐까. 변하면 변할수록 원형에 가까워진다고 하던가.

일본 나라현에 1300년 이래 여성의 입산을 금지하고 있는 오미네산이 있다. 1999년 8월 여교사 그룹이 수도자의 성지라고 불리던 이 산을 정복한 사건이 일어났다.

그러나 사찰 측과 신도들은 여전히 '전통과 신앙' 고수를 내걸고 여성에게 산을 개방하려는 움직임에 헤살을 부리고 있다. 이들은 오미네산을 여성에게 개방하면 다른 행락지와 다를 게 뭐가 있냐고 핏대를 세운다.

오미네산의 금제가 원만히 해결되려면 시간이 더 필요할 듯하다.

　요즈음 우리 주변에서도 '간 큰 남자 시리즈'가 유행하고 있지만 여성들의 권리가 비약적으로 신장될 전망이고 21세기는 여성들의 시대가 될 조짐이 크다. 남성의 역사인 'history'가 아니라 여성의 역사, 'herstory'가 될 것이라고들 한다. 좋은 시절 다 지나갔다는 남자들의 푸념이 일상화될 날도 멀지 않은 것 같다.

서 현 섭(徐賢燮)

1944년 전남 구례 출생. 건국대 정외과를 졸업한 후 일본 메이지 대학에서 석사 및 박사학위를 취득했다. 70년대 중반 주일 한국대사관 발령을 계기로 일본과의 인연을 맺어 10여 년간 주일 대사관 참사관·후쿠오카 총영사·요코하마 총영사 등을 거쳤고, 그후 파푸아 뉴기니아 대사(1996) 및 로마 교황청 대사(2002) 등을 역임했다.

특히, 직업외교관으로 일본에 체류하는 동안 1만여 권에 이르는 일본 관련 문헌을 수집하여 섭렵하는 등 한일관계 연구에 몰두했고, 한때 주케냐 대사관 및 주러시아 대사관 참사관으로 근무하여 일본을 멀리 두고 생각하는 호기로 삼는 등 '일본통' 학자로서의 경륜을 쌓았다.

현재 일본 큐슈대학 특임교수 및 부경대학 초빙교수로 강의를 맡고 있으며, 주요논문으로 〈재일 한국인의 법적지위에 관한 연구〉 〈근대 한일관계와 국제법의 수용〉 〈일본인과 일본의 대한정책〉 〈구주 인권규약에 있어서의 개인의 청원권〉 등이 있고, 저서로 《모스크바 1200일》 《일본인과 에로스》 《일본인과 천황》 이 있다.